Gestión de la seguridad informática en la empresa. IFCT116

Yolanda López Benítez

Gestión de la seguridad informática en la empresa. IFCT116
© Yolanda López Benítez

1ª Edición

© IC Editorial, 2025

Editado por: IC Editorial
c/ Cueva de Viera, 2, Local 3
Centro Negocios CADI
29200 Antequera (Málaga)
Teléfono: 952 70 60 04
Fax: 952 84 55 03
Correo electrónico: iceditorial@iceditorial.com
Internet: www.iceditorial.com

ISBN: 978-84-1184-935-7
Depósito Legal: MA 1056-2025

Impresión: PODiPrint
Impreso en Andalucía – España

Nota de la editorial: IC Editorial pertenece a Innovación y Cualificación S. L.

Especialidad formativa

Se entiende por especialidad formativa la agrupación de contenidos, competencias profesionales y especificaciones técnicas que responde a un conjunto de actividades de trabajo enmarcadas en una fase del proceso de producción y con funciones afines.

Las especialidades formativas de Uso General, Formación Complementaria, Formación Modular y las especialidades formativas dirigidas a la obtención de certificados de profesionalidad se incluyen en el Fichero de Especialidades del Servicio Público de Empleo Estatal para su gestión en todo el territorio nacional por cualquier Administración competente.

Las especialidades complementarias, pertenecen todas a la Familia profesional de Formación Complementaria (FCO) y tienen la consideración de formación transversal en áreas que se consideran prioritarias tanto en el marco de la Estrategia Europea para el Empleo y del Sistema Nacional de Empleo como en las directrices establecidas por la Unión Europea. Se consideran áreas prioritarias las relativas a tecnologías de la información y la comunicación, la prevención de riesgos laborales, la sensibilización en medio ambiente, la promoción de la igualdad, la orientación profesional y aquellas otras que se establezcan por la Administración competente.

Las especialidades de Certificado de profesionalidad tienen una duración especificada en su normativa reguladora.

En el resultado de la búsqueda, se muestran las unidades de competencia, todos los módulos formativos con su duración y las unidades formativas del certificado correspondiente, con su duración. Las horas del certificado, exclusivo de las especialidades de certificado de profesionalidad, con alta igual o superior a 2008, son las horas totales más las horas del módulo de Prácticas Profesionales no Laborales.

- **Si la especialidad tiene unidades formativas,** las horas totales, presencial, distancia, teleformación serán igual a la suma de esas horas de las unidades formativas de los distintos módulos, sin que se repita ninguna Unidad formativa.

⊃ **Si la especialidad no tiene unidades formativas,** las horas totales, presencial, distancia, teleformación serán igual a las sumas de esas horas de los módulos formativos, eliminando las horas de los módulos repetidos.

https://sede.sepe.gob.es/especialidadesformativas/RXBuscadorEFRED/BusquedaEspecialidades.do

(Fuente: Servicio Público de Empleo Estatal)

Índice

Unidad de aprendizaje 5
Exploración de las redes

Unidad de aprendizaje 6
Clasificación de ataques remotos y locales

Unidad de aprendizaje 7
Profundización en la seguridad en redes inalámbricas

Unidad de aprendizaje 8
Utilización de criptografía y criptoanálisis

Unidad de aprendizaje 9
Implementación de autentificación

OBJETIVOS GENERALES

Los objetivos generales del **IFCT116. Gestión de la seguridad informática en la empresa,** son los siguientes:

- Gestionar la seguridad informática en la empresa, adquiriendo los conocimientos necesarios para poder establecer protocolos adecuados de seguridad sobre los equipos informáticos de la empresa y redes empresariales.
- Generar consciencia empresarial sobre la importancia de contar con un sistema de seguridad informática que haga frente a los peligros y amenazas de la red.
- Diseñar e implementar políticas de seguridad informática eficaces que protejan los activos digitales de la empresa, garantizando la confidencialidad, integridad y disponibilidad de la información frente a posibles amenazas.
- Desarrollar habilidades para implementar auditorías de seguridad de la información y gestionar la normativa de seguridad en las organizaciones, garantizando la protección de activos, la continuidad del negocio y el cumplimiento legal.
- Afrontar los elementos relativos a las estrategias de seguridad informática, a fin de obtener una visión global de las maniobras de seguridad como respuesta a los peligros a los que se enfrentan diariamente las organizaciones.
- Arrojar elementos que determinen la importancia de gestionar adecuadamente tanto los canales de transmisión de los activos de información, como las infraestructuras físicas y digitales que dan soporte a toda la operatividad de una empresa, con el fin de sentar unas bases de seguridad a fin de obtener criterios claros de las maniobras básicas como respuesta a las amenazas o imprevistos.
- Abordar los elementos relativos a ataques informáticos remotos y locales, su clasificación y tipología, con el fin de definir las maniobras oportunas para que las organizaciones puedan gestionar adecuadamente la seguridad de sus activos.
- Examinar los elementos relativos a la seguridad en redes inalámbricas, encaminadas estas a proveer a las organizaciones de un recuso de inestimable valor para su quehacer diario.
- Abordar los elementos relativos al estudio de las complejas técnicas criptográficas y de criptoanálisis en un entorno de innovación tecnológica constante.
- Conocer los procesos de autenticación, como medio de someter la identidad de un posible usuario, a las pruebas necesarias para autorizar y confirmar el acceso a recursos.

Aproximación hacia los elementos que intervienen en la seguridad

Contenido

Objetivos

El objetivo general de esta Unidad de Aprendizaje es:

→ Generar consciencia empresarial sobre la importancia de contar con un sistema de seguridad informática que haga frente a los peligros y amenazas de la red.

Los objetivos específicos de esta Unidad de Aprendizaje son:

→ Aplicar los principios de confidencialidad, integridad y disponibilidad para proteger activos de información.

→ Fortalecer la seguridad mediante políticas y buenas prácticas.

→ Diseñar un esquema simple de árbol de ataque que permita reconocer posibles rutas de ataque y reforzar la seguridad de los sistemas.

→ Desarrollar planes de respuesta a incidentes y estrategias de respaldo que aseguren la recuperación rápida de datos y operaciones críticas.

1. Introducción

En un mundo cada vez más digitalizado, donde las empresas basan gran parte de sus operaciones y estrategias en el uso de tecnologías de la información, la seguridad informática se ha convertido en una prioridad estratégica para garantizar la estabilidad y el éxito empresarial. La creciente dependencia de sistemas tecnológicos expone a las organizaciones a un entorno de amenazas en constante evolución, donde la protección de los activos digitales no solo salvaguarda la información sensible, sino también la reputación y la confianza de los clientes.

Gestionar la seguridad informática implica un enfoque integral que abarca la identificación de riesgos, la implementación de medidas preventivas, la respuesta eficiente a incidentes y la recuperación rápida tras cualquier interrupción. Este proceso es esencial para mantener la continuidad del negocio y mitigar los impactos potenciales de ataques cibernéticos, fallos operativos o errores humanos.

Esta unidad se centra en los elementos fundamentales de la seguridad de la información, subrayando la necesidad de proteger la confidencialidad, integridad y disponibilidad de los datos, pilares que permiten a las organizaciones operar de manera segura y eficiente.

Para hacer más comprensibles estos conceptos y su aplicación práctica, exploraremos la experiencia de Ana, una directora de TI en una consultoría tecnológica, quien enfrenta desafíos reales en su día a día para proteger los sistemas y datos críticos de su organización. A través de su ejemplo, comprenderemos cómo los principios de seguridad pueden integrarse de manera efectiva en la gestión empresarial.

2. Modelo de ciclo de vida de la seguridad de la información

 HILO CONDUCTOR

Ana, directora de TI de una consultoría tecnológica, se enfrentaba a constantes retos para proteger los datos sensibles de la empresa. Por ello, decidió implementar un modelo de ciclo de vida que abarcara desde la identificación de

Continúa en página siguiente >>

<< Viene de página anterior

vulnerabilidades hasta la recuperación tras incidentes. Este enfoque permitió a su equipo responder con eficiencia y eficacia a un intento de *phishing* que podría haber comprometido información crítica.

El **modelo de ciclo de vida de la seguridad de la información** permite estructurar las actividades necesarias para identificar, proteger, detectar, responder y recuperar ante incidentes de seguridad.

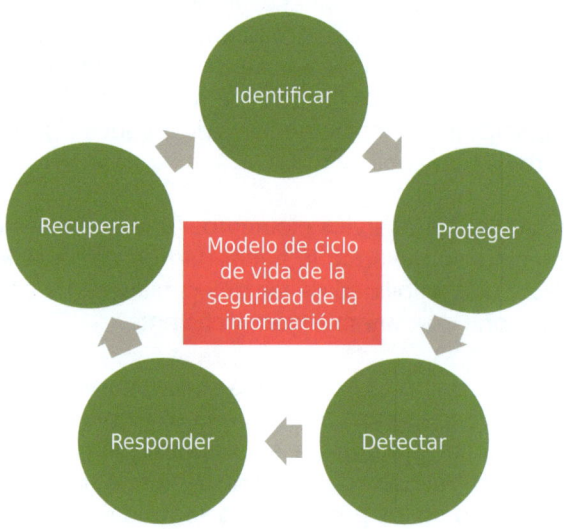

El enfoque del modelo de ciclo de vida de la seguridad de la información garantiza que la protección no sea un evento único, sino un proceso continuo adaptado a las necesidades de la organización.

2.1. Confidencialidad, integridad y disponibilidad. Principios de protección de la seguridad de la información

Antes de profundizar en los **principios fundamentales de la seguridad de la información,** es importante comprender su relevancia. Los siguientes pilares garantizan la protección de los activos digitales y aseguran la operatividad de los sistemas:

Confidencialidad
- Garantiza que solo las personas autorizadas puedan acceder a los datos. Este principio es esencial para prevenir la exposición de información sensible y se logra mediante controles de acceso, cifrado y autenticación robusta. Por ejemplo, un sistema de banca *online* protege las credenciales de los usuarios mediante protocolos de cifrado avanzado.

Integridad
- Asegura que los datos no sean alterados de manera no autorizada. La integridad protege la exactitud y la consistencia de la información durante su ciclo de vida, utilizando métodos como firmas digitales, registros de auditoría y algoritmos de *hash*. Por ejemplo, en un sistema de comercio electrónico, verificar que el precio de un producto no sea modificado de forma maliciosa, asegura la confianza del cliente.

Disponibilidad
- Garantiza que los datos y sistemas estén accesibles cuando se necesiten. Este principio depende de medidas como respaldos periódicos, redundancia de sistemas y planes de recuperación ante desastres. Por ejemplo, un hospital que implementa un sistema de respaldo continuo asegura el acceso a expedientes médicos críticos incluso durante fallos del sistema.

 IMPORTANTE

Los principios de la seguridad de la información se interrelacionan y son indispensables para garantizar un entorno de seguridad robusto. La implementación exitosa de cada uno requiere de las herramientas tecnológicas adecuadas y la capacitación constante del personal para mitigar riesgos y responder a incidentes con eficiencia y eficacia.

APLICACIÓN PRÁCTICA

Una empresa ha sufrido un ataque donde un atacante modificó los datos financieros en su sistema. ¿Qué principio de seguridad fue comprometido?

Solución

El ataque alteró los datos financieros, comprometiendo su precisión y confiabilidad. La integridad asegura que los datos permanezcan exactos y no se modifiquen sin autorización. Este principio es esencial en entornos donde la veracidad de la información afecta a decisiones críticas.

2.2. Políticas de seguridad

Las **políticas de seguridad** son líneas de actuación que definen cómo proteger los activos digitales. Estas políticas, están compuestas de directrices sobre el uso de contraseñas, gestión de accesos y medidas preventivas ante posibles amenazas. Por tanto, son muy útiles en las organizaciones porque ayudan a establecer medidas claras para garantizar la protección de los datos.

Ejemplos de políticas de seguridad

Uso de contraseñas	Implementar contraseñas de al menos 12 caracteres con combinaciones de letras, números y símbolos y obligar a cambiar contraseñas cada mes.
Gestión de accesos	Configurar roles de usuario que limiten el acceso a la información según las necesidades laborales.
Medidas preventivas	Instalar *software* antivirus y realizar actualizaciones de seguridad periódicas.

ACTIVIDAD COMPLEMENTARIA

1. ¿Las políticas de seguridad deben adaptarse al tamaño de la organización o ser estándares universales? En base a esta pregunta, deberás investigar sobre las ventajas y desventajas de adaptar las políticas de seguridad al tamaño de la organización frente a adoptar estándares universales. Luego, comparte tu opinión con los demás participantes con alguna breve descripción.

2.3. Tácticas de ataque

Los ciberatacantes emplean una variedad de tácticas, cada vez más sofisticadas, para comprometer sistemas y "sacar tajada". Cada una de las técnicas empleadas cuenta con un enfoque específico y niveles de impacto distintos. Las tácticas empleadas por la ciberdelincuencia más conocidas son:

Phishing	- Una táctica común que utiliza correos electrónicos o mensajes fraudulentos para engañar a los usuarios y obtener sus credenciales o información confidencial. Por ejemplo, un atacante podría enviar un correo simulado de un banco solicitando verificación de datos.
Malware	- *Software* malicioso como virus, *ransomware* o *spyware*, diseñado para dañar o interrumpir los sistemas. Un caso reciente es el *ransomware* que encripta los archivos de una empresa hasta que se pague un rescate.
Ataques de denegación de servicio (DoS)	- Inundar un servidor con un volumen excesivo de solicitudes para interrumpir su funcionamiento. Por ejemplo, una tienda en línea podría ser atacada durante una temporada de rebajas para causar pérdidas económicas.

IMPORTANTE

Conocer estas tácticas y cómo se aplican permite a las organizaciones desarrollar estrategias de defensa más efectivas, como implementar filtros de correo, sistemas de detección de malware y soluciones de mitigación contra ataques DoS.

- -

2.4. Concepto de *hacking*

El ***hacking* puede ser ético o malicioso.** Mientras que el primero lo realizan profesionales en busca de identificar vulnerabilidades para proteger sistemas de las organizaciones, el segundo tiene como objetivo explotarlas de forma ilícita para obtener beneficios indebidos como el robo de información, interrupción de servicios o extorsión.

El hacking ético se basa en el cumplimiento de acuerdos legales y éticos entre los profesionales y las organizaciones que solicitan sus servicios.

SABÍAS QUE...

En el *hacking* ético los profesionales utilizan herramientas avanzadas de análisis, escaneo y simulación de ataques, como pruebas de penetración *(pentesting)*,

Continúa en página siguiente >>

<< Viene de página anterior

para fortalecer la seguridad de los sistemas. Por ejemplo, una empresa financiera puede contratar *hackers* éticos para garantizar que su infraestructura digital esté libre de vulnerabilidades.

Por otro lado, el *hacking* malicioso realiza actividades como el robo de credenciales mediante *phishing*, el desarrollo de *malware* para encriptar archivos *(ransomware)* o el uso de *botnets* para ataques de denegación de servicio distribuido (DDoS). Este tipo de *hacking* representa una amenaza constante para las organizaciones.

2.5. Árbol de ataque

Para comprender mejor los riesgos asociados al *hacking* malicioso, es fundamental analizar las posibles rutas de ataque que un adversario podría seguir. Esto se realiza mediante herramientas como el árbol de ataque, que permite visualizar y estructurar las etapas de un ataque, identificando puntos críticos donde implementar contramedidas efectivas.

Un árbol de ataque es una representación visual de las posibles rutas que un atacante podría seguir para comprometer un sistema de información. Este modelo ayuda a las organizaciones a identificar puntos críticos y reforzar su seguridad.

Veamos, a continuación, cómo se puede usar un árbol de ataque para entender los riesgos y aplicar las defensas necesarias:

- ⮩ **Paso 1: escaneo del sistema en busca de puntos vulnerables:** el *hacker* no ético utiliza herramientas como Nmap para identificar puertos abiertos o servicios con mala configuración. Esto permite encontrar posibles puntos de acceso para adentrarse en el sistema e inyectar códigos maliciosos. La contramedida sería limitar los puertos abiertos a los estrictamente necesarios y configurar *firewalls* para bloquear conexiones no autorizadas. Por ejemplo, un atacante utiliza una herramienta como Nmap para detectar un puerto abierto en un servidor de correo electrónico. Al identificar que el puerto SMTP está mal configurado, intenta explotarlo para enviar *spam*. La organización puede implementar un *firewall* que bloquee conexiones no autorizadas y monitorice el uso del puerto.

⮂ **Paso 2: intentos de fuerza bruta:** una vez identificado un servicio vulnerable, el atacante emplea *software* como Hydra para descifrar contraseñas débiles.

La contramedida podría ser implementar políticas de contraseñas seguras y habilitar bloqueos automáticos tras múltiples intentos fallidos.

Por ejemplo, un atacante utiliza una lista de contraseñas comunes para intentar acceder al sistema de correo de la empresa. Tras varios intentos fallidos, el sistema bloquea temporalmente la cuenta y notifica al administrador, evitando el acceso no autorizado.

⮂ **Paso 3: explotación del acceso obtenido:** tras obtener credenciales, el ciberatacante intenta acceder a la base de datos para descargar información confidencial.

Como contramedida se puede configurar autenticación multifactor y monitorear el tráfico en busca de actividades sospechosas, como descargas masivas.

Por ejemplo, con credenciales robadas, un atacante intenta acceder a la base de datos de empleados para descargar información confidencial. La organización, al tener habilitada la autenticación multifactor, impide el acceso, ya que el atacante no puede proporcionar el segundo factor de verificación, como un código enviado al móvil del usuario.

 PARA SABER MÁS

Si deseas profundizar en el concepto de árboles de ataque y su importancia en la modelización de amenazas, lee el siguiente artículo. Este recurso explica cómo los árboles de ataque se utilizan para desglosar amenazas potenciales en pasos manejables, ayudando a identificar vulnerabilidades y priorizar contramedidas. También, proporciona ejemplos prácticos de cómo aplicar esta herramienta en la gestión de riesgos de ciberseguridad. Accede desde aquí.

https://redirectoronline.com/ifct1160101

2.6. Lista de amenazas para la seguridad de la información

En el ámbito de la seguridad de la información, es clave identificar las amenazas más comunes que pueden sin duda comprometer la integridad, confidencialidad y disponibilidad de los sistemas de información. Aunque ya se abordaron las tácticas empleadas por los atacantes, también es necesario destacar las amenazas más frecuentes. Estas amenazas representan desafíos constantes en el ámbito de la seguridad informática, y comprenderlas es el primer paso para establecer medidas de protección eficaces. Entre las amenazas más frecuentes destacan las siguientes:

Interrupciones de servicios críticos
- Estos ataques, como los de denegación de servicio (DoS) o denegación de servicio distribuido (DDoS), buscan sobrecargar los sistemas para dejarlos inaccesibles. Por ejemplo, un ataque DDoS contra una tienda digital durante un periodo de rebajas puede causar pérdidas económicas muy significativas.

Ataques internos
- No todas las amenazas provienen del exterior, algunos incidentes son causados por el personal negligente. Un ejemplo es el acceso indebido a datos sensibles o la ejecución de *software* malicioso dentro de la red para causar daño a la organización.

Fugas de información
- Igualmente, la pérdida o exposición accidental de datos confidenciales puede deberse a factores como errores humanos, configuraciones incorrectas o accesos no autorizados.

NOTA

Conocer estas amenazas y su impacto es fundamental para implementar estrategias de protección adecuadas, como auditorías periódicas, formación del personal, políticas de acceso estrictas y uso de herramientas de monitoreo.

2.7. Vulnerabilidades

Las **vulnerabilidades** son puntos débiles en los sistemas informáticos que pueden ser explotados por atacantes para comprometer su seguridad.

Comprender y prevenir las vulnerabilidades es muy importante para proteger los **activos de información.**

 **DEFINICIÓN**

Activo de información
Cualquier recurso de valor para una organización que contiene datos o información. Esto engloba, pero no se limita a documentos físicos, bases de datos, sistemas de *software, hardware,* redes, procesos, conocimientos del personal y cualquier otro medio que almacene, procese o transmita información. La protección de estos activos es fundamental para garantizar la confidencialidad, integridad y disponibilidad de la información.

A continuación, se presentan las vulnerabilidades más comunes según el tipo de sistema operativo, junto con buenas prácticas y recomendaciones para mejorar la seguridad. Estas pueden clasificarse atendiendo al tipo de sistema afectado: *Windows,* Aplicaciones multiplataforma, *Unix* y *MacOS.*

Vulnerabilidades en sistemas *Windows*

Los sistemas *Windows* son muy utilizados por los usuarios, lo que los convierte en un objetivo frecuente de ataques.

Las vulnerabilidades más típicas encontradas en sistemas *Windows* son:

Configuraciones por defecto
- Los sistemas recién instalados suelen tener configuraciones predeterminadas que no son seguras, como contraseñas débiles o servicios innecesarios habilitados.

Continúa en página siguiente >>

<< Viene de página anterior

Falta de actualizaciones
- Muchos ataques se aprovechan de sistemas que no han instalado los parches de seguridad más recientes.

Servicios innecesarios expuestos
- Tener servicios o puertos abiertos que no se utilizan aumenta la superficie de ataque.

 **EJEMPLO**

Si un sistema *Windows* no actualiza su *software* regularmente, un atacante podría perfectamente explotar una vulnerabilidad conocida para tomar control del sistema.

Vulnerabilidades en aplicaciones multiplataforma

Estas vulnerabilidades afectan aplicaciones que funcionan en diferentes sistemas operativos, como *Windows, MacOS* y *Linux.*

Las vulnerabilidades más comunes encontradas en aplicaciones multiplataforma son:

Compatibilidad con versiones desactualizadas
- Algunas aplicaciones mantienen soporte para versiones antiguas, dejando una puerta abierta a fallos de seguridad ya conocidos.

Fallos de autenticación
- Métodos de inicio de sesión débiles o mal implementados pueden ser explotados por atacantes para obtener acceso no autorizado.

👁 EJEMPLO

Una aplicación que permite iniciar sesión sin verificar correctamente las credenciales del usuario puede facilitar un ataque de fuerza bruta.

 ## SABÍAS QUE...

Las vulnerabilidades de *día cero* en aplicaciones multiplataforma son fallos de seguridad desconocidos para el desarrollador o el público en general. Pueden ser explotadas antes de que se libere un parche o solución al problema de seguridad. Estas vulnerabilidades son especialmente críticas en aplicaciones multiplataforma, ya que afectan a múltiples sistemas operativos simultáneamente, ampliando el alcance del ataque. Los ciberdelincuentes aprovechan estos fallos para ejecutar códigos maliciosos, robar datos o comprometer la funcionalidad de las aplicaciones antes de que se detecte o solucione el problema.

Vulnerabilidades en sistemas *Unix* y *MacOS*

Aunque se consideran más seguros, estos sistemas no son inmunes a las vulnerabilidades.

Las vulnerabilidades más habituales encontradas en sistemas *Unix* y *MacOS* son:

Permisos de usuario mal configurados
- Permitir a los usuarios acceso innecesario a archivos críticos del sistema puede ser un riesgo alto de ciberseguridad.

Dependencia de *software* no actualizado
- Algunas herramientas y librerías utilizadas en estos sistemas no reciben actualizaciones de seguridad. Esto los convierte en un objetivo para los ciberatacantes.

 **EJEMPLO**

Un sistema *Unix* que permite a cualquier usuario modificar archivos del sistema operativo puede ser comprometido fácilmente.

2.8. Buenas prácticas y salvaguardas para la seguridad de la red

Para minimizar los riesgos, es importante implementar medidas básicas de protección en las redes. Algunas buenas prácticas esenciales son:

Implementar *firewalls* y sistemas de detección de intrusos
- Un *firewall* actúa como una barrera para bloquear tráfico no autorizado, mientras que los sistemas de detección de intrusos (IDS) identifican posibles ataques.

Utilizar contraseñas robustas y autenticación multifactor (MFA)
- Contraseñas fuertes y métodos como el MFA dificultan el acceso no autorizado.

Segmentar las redes
- Dividir la red en segmentos más pequeños limita el alcance de un posible ataque y facilita su contención.

 **EJEMPLO**

Un *firewall* bien configurado puede bloquear intentos de acceso desde direcciones IP sospechosas.

2.9. Recomendaciones para la seguridad de su red

Además de las buenas prácticas, existen recomendaciones básicas que son clave para mantener una red segura. Algunas de ellas son:

1. Realizar auditorías periódicas

Revisar regularmente la seguridad de los sistemas permite identificar y solucionar vulnerabilidades antes de que sean explotadas.

2. Capacitar al personal en ciberseguridad

Los empleados informados sobre prácticas seguras son menos propensos a cometer errores que comprometan la red.

3. Mantener un plan de respuesta a incidentes actualizado

Contar con un plan claro para manejar incidentes permite reaccionar de manera rápida y eficiente frente a ataques.

 PARA SABER MÁS

Para complementar el aprendizaje sobre buenas prácticas y políticas de seguridad en redes sociales a nivel corporativo, es recordable el documento *Buenas prácticas en redes sociales: políticas de seguridad para la pyme*. Este material de INCIBE profundiza en aspectos clave para proteger perfiles empresariales, destacando herramientas como la autenticación de doble factor, configuraciones de privacidad, y la prevención de errores humanos. Conjuntamente, aborda amenazas frecuentes y medidas para evitar incidentes que puedan afectar la reputación o seguridad de una organización. Accede desde aquí.

Continúa en página siguiente >>

<< Viene de página anterior

https://redirectoronline.com/ifct1160102

El *ransomware* es un tipo de *malware* realmente peligroso que cifra los datos de un sistema y exige un rescate para restaurar el acceso. Una de las formas más efectivas de mitigar su impacto es contar con **copias de seguridad periódicas.** Estas permiten restaurar los datos afectados sin necesidad de pagar el rescate, reduciendo significativamente el impacto financiero, operativo y reputacional de un ciberataque.

Así, las razones más importantes que destacan la importancia de realizar copias de seguridad son:

- **Restauración rápida:** permite recuperar datos de manera inmediata tras un ataque.
- **Reducción de riesgos financieros:** evita el pago de rescates a la ciberdelincuencia.
- **Continuidad del negocio:** garantiza que las operaciones puedan continuar con interrupciones mínimas.
- **Protección contra la corrupción de datos:** asegura que siempre exista una versión funcional de la

EJEMPLO

Una empresa de diseño gráfico realiza copias de seguridad automáticas diarias de sus proyectos en una plataforma de almacenamiento en la nube. Tras un ataque de *ransomware,* que bloquea el acceso a sus archivos, la empresa utiliza sus copias de seguridad para restaurar todos los datos y reanudar sus operaciones en cuestión de horas, evitando pagar el rescate y sobre todo, consiguiendo reducir el tiempo de inactividad.

Continúa en página siguiente >>

<< Viene de página anterior

Este ejemplo resalta cómo una política de copias de seguridad bien implementada puede salvar a las organizaciones de las consecuencias más severas de un ataque de *ransomware*.

Reconocer las vulnerabilidades y seguir buenas prácticas es fundamental para proteger los sistemas y las redes. La ciberseguridad no es un esfuerzo único, sino un proceso continuo que requiere atención constante y actualización frente a nuevas amenazas. Implementar estas medidas ayudará a mantener sus sistemas y datos seguros frente a posibles ataques.

El Instituto Nacional de Ciberseguridad (INCIBE) ofrece un recurso sobre vulnerabilidades a través de su portal INCIBE-CERT donde se puede consultar una amplia base de datos de vulnerabilidades detectadas. Este servicio proporciona información detallada sobre cada vulnerabilidad, incluyendo una descripción, el impacto potencial y el **código CVE (*common vulnerabilities and exposure*s)** asignado, que permite identificar y clasificar cada vulnerabilidad de forma única y global.

 PARA SABER MÁS

Puedes acceder a la base de datos mencionada desde aquí.

https://redirectoronline.com/ifct1160100

El recurso proporcionado por INCIBE para la consulta y gestión de vulnerabilidades conocidas y publicadas es útil para profesionales y empresas que buscan mantenerse actualizados sobre riesgos de seguridad y tomar medidas preventivas.

 TAREA 1

Un atacante intenta acceder a una base de datos de empleados de una empresa utilizando contraseñas débiles. Identifica los pasos que seguiría el atacante y propón contramedidas para cada paso.

En base a ello, analiza el escenario presentado y diseña un esquema simple de árbol de ataque.

3. Resumen

La seguridad informática es esencial en un entorno empresarial dependiente de la tecnología. Proteger la **confidencialidad, integridad y disponibilidad** de los datos asegura la continuidad del negocio y mitiga ciberriesgos frente a las ciberamenazas.

La ciberseguridad es un proceso continuo que requiere herramientas tecnológicas, políticas efectivas y una capacitación del personal constante, ya que identificar o reconocer amenazas y vulnerabilidades permite reducir riesgos y proteger los activos de información.

Modelo de ciclo de vida de la seguridad de la información	1. Identificar vulnerabilidades. 2. Proteger los sistemas. 3. Detectar incidentes. 4. Responder eficazmente. 5. Recuperar datos y operaciones.
Principios fundamentales de la seguridad de la información	- **Confidencialidad**: control de acceso (ej. cifrado de credenciales). - **Integridad**: garantía de datos no alterados (ej. firmas digitales). - **Disponibilidad**: acceso continuo a sistemas (ej. respaldos regulares).
Políticas de seguridad	Ejemplos: - Contraseñas robustas y cambios periódicos. - Roles de usuario para gestionar accesos. - Uso de *software* antivirus y actualizaciones regulares.
Amenazas comunes	- Interrupciones: ataques DoS y DDoS. - Ataques internos: acceso indebido o negligencia. - Fugas de información: configuraciones erróneas y errores humanos.
Vulnerabilidades en sistemas	*Windows*: - Configuraciones por defecto inseguras. - Falta de actualizaciones. - Servicios innecesarios abiertos. **Aplicaciones multiplataforma:** - Compatibilidad con versiones antiguas. - Fallos de autenticación. *Unix y MacOS:* - Permisos mal configurados. - Dependencia de *software* no actualizado.
Buenas prácticas en redes	Implementar: - *Firewalls* y sistemas de detección de intrusos (IDS). - Contraseñas fuertes y autenticación multifactor (MFA). - Segmentación de redes para limitar el alcance de ataques. **Recomendaciones:** - Auditorías de seguridad periódicas. - Capacitación del personal. - Planes de respuesta a incidentes.

Continúa en página siguiente >>

<< Viene de página anterior

Tácticas de ataque	- **Phishing:** correos fraudulentos para capturar credenciales. - **Malware:** *ransomware, spyware* y virus. - **DoS:** saturación de servidores.
Árbol de ataque	Representación visual de rutas de ataque. **Etapas:** - Escaneo del sistema (contramedidas: *firewalls,* IDS). - Fuerza bruta para credenciales (MFA, bloqueo tras intentos fallidos). - Acceso y extracción de datos (segmentación, monitoreo).
Ransomware	- **Impacto:** cifra datos y exige rescates. - **Medidas clave:** - Copias de seguridad regulares. - Restauración inmediata. - Reducción del tiempo de inactividad.

Ejercicios de autoevaluación
Unidad de Aprendizaje 1

1. **¿Cuál es el objetivo principal de la seguridad informática en la empresa?**

   a. Aumentar la velocidad de la red.
   b. Reducir costos operativos.
   c. Proteger la confidencialidad, integridad y disponibilidad de los datos.
   d. Mejorar la experiencia del usuario.

2. **¿Qué principio de seguridad asegura que los datos estén disponibles cuando se necesiten?**

   a. Confidencialidad
   b. Disponibilidad
   c. Integridad
   d. Autenticación

3. **¿Qué ejemplo representa el principio de integridad?**

   a. Restringir el acceso mediante contraseñas.
   b. Verificar que un precio en un sistema de comercio electrónico no sea alterado maliciosamente.
   c. Garantizar acceso continuo a los sistemas durante fallos.
   d. Cifrar credenciales de un usuario.

4. **¿Qué estrategia ayuda a proteger la confidencialidad de los datos?**

   a. Realizar respaldos regulares.
   b. Implementar controles de acceso y cifrado de información.
   c. Utilizar *software* antivirus.
   d. Configurar roles de usuario.

5. **¿Qué tipo de amenaza compromete la disponibilidad de un sistema?**

   a. Ataques de denegación de servicio (DoS).
   b. Errores humanos al ingresar contraseñas.

    c. Exposición accidental de datos sensibles.
    d. Accesos no autorizados mediante contraseñas débiles.

6. ¿Qué describe un árbol de ataque?

    a. Una herramienta para encriptar datos sensibles.
    b. Una representación visual de posibles rutas de ataque.
    c. Un plan de respaldo ante fallos de sistema.
    d. Un método para asignar roles de usuario en redes.

7. ¿Qué acción es un ejemplo de *phishing*?

    a. Inundar un servidor con solicitudes.
    b. Enviar correos fraudulentos para obtener credenciales.
    c. Usar contraseñas débiles en sistemas empresariales.
    d. Monitorizar el tráfico en busca de anomalías.

8. ¿Qué política de seguridad fomenta el uso responsable de los sistemas?

    a. Uso de *software* no actualizado.
    b. Definir contraseñas robustas y cambios periódicos.
    c. Abrir puertos para un acceso más rápido.
    d. Permitir acceso total a todos los usuarios.

9. ¿Qué recomendación básica mejora la seguridad de una red?

    a. Configurar contraseñas simples y fáciles de recordar.
    b. Realizar auditorías de seguridad periódicas.
    c. Usar versiones desactualizadas de *software*.
    d. Reducir la segmentación de redes.

10. ¿Qué táctica de ataque utiliza *software* malicioso como virus o *ransomware*?

    a. *Phishing*
    b. *Malware*
    c. Fuerza bruta
    d. Segmentación de red

Identificación de las políticas de seguridad

Contenido

Objetivos

El objetivo general de esta Unidad de Aprendizaje es:

→ Diseñar e implementar políticas de seguridad informática eficaces que protejan los activos digitales de la empresa, garantizando la confidencialidad, integridad y disponibilidad de la información frente a posibles amenazas.

Los objetivos específicos de esta Unidad de Aprendizaje son:

→ Identificar la importancia de las políticas de seguridad en la gestión empresarial.

→ Establecer los elementos esenciales que deben incluirse en una política de seguridad informática.

→ Reconocer errores básicos que deben evitarse en la redacción de políticas de seguridad.

→ Desarrollar una política de seguridad que cubra un aspecto específico, aplicando los conocimientos adquiridos en esta unidad.

→ Definir estrategias para garantizar la implementación y el cumplimiento de dichas políticas.

1. Introducción

En un entorno empresarial cada vez más expuesto a riesgos digitales, las políticas de seguridad informática son fundamentales para salvaguardar los sistemas y datos críticos. Estas políticas actúan como un conjunto de reglas y procedimientos diseñados para mitigar riesgos, establecer responsabilidades y garantizar la seguridad de la información en todos los niveles de la organización.

A lo largo de esta unidad, nos seguiremos apoyando en la experiencia de Ana. Con ella, exploraremos los componentes esenciales que conforman una política de seguridad efectiva, su importancia en la gestión empresarial y cómo garantizar su cumplimiento. También abordaremos errores comunes que pueden comprometer su eficacia y cómo evitarlos.

2. Introducción a las políticas de seguridad

👉 HILO CONDUCTOR

Tras implementar con éxito el ciclo de vida de la seguridad de la información en su empresa, Ana identificó la necesidad de establecer una política de seguridad clara y adaptada a su organización. Estas políticas permitirían a su equipo estandarizar procedimientos, asignar responsabilidades y minimizar riesgos asociados a accesos no autorizados o configuraciones incorrectas. Con ello, Ana buscaba garantizar la protección de los activos digitales y fortalecer la confianza de sus clientes.

En un entorno empresarial donde la digitalización avanza a pasos agigantados, las amenazas a la información sensible y los activos de información se han vuelto una preocupación constante. Las organizaciones, independientemente de su tamaño o sector, se enfrentan diariamente a desafíos para poder proteger con eficiencia y eficacia sus sistemas de información frente a ataques externos, errores internos y vulnerabilidades tecnológicas. Estas amenazas no solo comprometen la integridad de los datos, sino que también pueden impactar en la actividad operativa de las organizaciones así como en la reputación de las empresas.

El panorama actual exige un enfoque proactivo para mitigar riesgos y garantizar un entorno seguro. Esto implica no solo implementar soluciones tecnológicas avanzadas, como *firewalls* o sistemas de detección de intrusos, sino también establecer directrices claras que orienten el comportamiento del personal y sean capaces de definir cómo manejar la información en situaciones críticas. Este marco organizativo debe ser flexible para adaptarse a un entorno cambiante, pero lo suficientemente robusto para proteger los activos más valiosos de la empresa.

Más allá de las medidas técnicas, la seguridad también es una cuestión cultural. Involucrar a todos los miembros de la organización en la protección de la información es clave para fortalecer las defensas internas. Una capacitación continua y un liderazgo comprometido ayudan a construir una cultura organizacional de ciberseguridad donde la seguridad de los activos de información sea una prioridad compartida, y no una simple responsabilidad del área tecnológica o del departamento IT.

El diseño e implementación de estas directrices requiere un enfoque estratégico que contemple los riesgos específicos de la organización, sus objetivos y el entorno normativo en el que opera. En los apartados posteriores, exploraremos cómo las políticas de seguridad se convierten en herramientas fundamentales para alcanzar este objetivo.

2.1. ¿Por qué son importantes las políticas de seguridad?

Las **políticas de seguridad** son la base para proteger la información y los sistemas de una organización. Funcionan como un conjunto de reglas y directrices que definen cómo debe gestionarse la seguridad para prevenir, responder y mitigar riesgos asociados a posibles incidentes.

Así, los motivos que animan a contar en la empresa con una buena política de seguridad son:

- **Prevención de amenazas internas y externas:** las políticas definen controles claros que minimizan riesgos, como son, accesos no autorizados, fugas de información o ciberataques. Por ejemplo, una política que regula el uso de dispositivos personales en la red empresarial puede prevenir accesos inseguros.
- **Claridad de responsabilidades:** permiten asignar roles específicos a cada miembro de la organización, asegurando que todos entiendan sus responsabilidades en la protección de datos. Esto abarca desde el personal técnico hasta los usuarios finales.

- **Reducción del impacto de incidentes:** proporcionan procedimientos predefinidos para actuar en caso de incidentes, permitiendo respuestas rápidas y correctamente estructuradas que reducen pérdidas económicas, operativas y reputacionales.
- **Cumplimiento normativo:** facilitan la alineación con regulaciones legales y estándares internacionales, como la Norma ISO 27001, fortaleciendo la confianza de la clientela, usuarios, socios y personal.

IMPORTANTE

Sin políticas bien definidas, las organizaciones pueden enfrentar brechas de seguridad que comprometan la continuidad del negocio.

APLICACIÓN PRÁCTICA

Una organización ha implementado una política de contraseñas que exige longitud y complejidad mínima. Sin embargo, los empleados continúan utilizando contraseñas débiles, e incluso, compartiéndolas. ¿Qué medida garantizaría el cumplimiento efectivo de esta política?

Solución

Realizar campañas de concienciación y capacitación sobre la importancia de las contraseñas.

Las políticas son más efectivas cuando se complementan con formación y concienciación. Enseñar al personal de las organizaciones sobre los riesgos asociados a contraseñas débiles promueve mejores prácticas y refuerza la seguridad.

2.2. Qué debe de contener una política de seguridad

Una política de seguridad efectiva debe incluir elementos clave que garanticen su funcionalidad, adaptabilidad y aplicabilidad a las necesidades específicas de la organización.

Los aspectos clave de una política de seguridad son:

- **Objetivo y alcance:** establece de forma clara qué se busca proteger (datos, sistemas, infraestructuras) y delimita el ámbito de aplicación de la política, por ejemplo, departamentos específicos, empleados o terceros.
- **Roles y responsabilidades:** define los roles de los actores involucrados, como administradores de TI, personal y proveedores externos. Esto asegura que todos sepan qué se espera de ellos.
- **Procedimientos y normas**: engloba protocolos detallados sobre la gestión de contraseñas, los permisos de acceso, el manejo de incidentes y las auditorías periódicas.
- **Gestión de accesos:** describe cómo se asignan y revocan permisos, con énfasis en la autenticación robusta, como es el caso del uso de autenticación multifactor.
- **Revisión y actualización:** especifica un ciclo para revisar y actualizar la política, asegurando su relevancia frente a cambios tecnológicos o normativos.

 **EJEMPLO**

Una política para la gestión de contraseñas debe incluir requisitos como la longitud mínima, la complejidad (letras, números, símbolos) y la periodicidad obligatoria de los cambios de contraseña.

2.3. Lo que no debe contener una política de seguridad

Evitar ciertos errores en la redacción de las políticas es fundamental para garantizar su efectividad y comprender la importancia de una buena política de seguridad.

Una política de seguridad no consiste en:

Ambigüedad — Usar términos inadecuados o generales como *proteger la red* sin especificar cómo hacerlo genera mucha confusión. Es preferible establecer directrices claras como *utilizar un firewall con reglas predefinidas.*

Continúa en página siguiente >>

<< Viene de página anterior

Exceso de tecnicismos	- Redactar las políticas con un lenguaje altamente técnico dificultaría su entendimiento para los usuarios no especializados en seguridad informática y de la información.
Falta de aplicabilidad	- Las políticas genéricas que no se ajustan a las operaciones y necesidades específicas de la organización tienden a ser ignoradas.
Ausencia de sanciones	- No incluir consecuencias ante incumplimientos debilita la autoridad de las políticas y fomenta malas prácticas.

NOTA

Una política mal diseñada no solo será ineficaz, sino que también podría generar resistencia entre el personal y los usuarios.

2.4. Cómo conformar una política de seguridad informática

El desarrollo de una política efectiva requiere un enfoque metódico que involucre a múltiples partes interesadas, y considere además, los riesgos específicos de la organización.

Los pasos para configurar una política de seguridad efectiva son:

1. **Análisis de riesgos:** Identificar las amenazas más relevantes, por ejemplo, *ransomware* o accesos no autorizados, y evaluar cuál sería el impacto potencial en la organización.
2. **Definición de objetivos:** alinear la política con las metas estratégicas de la empresa, como garantizar la continuidad del negocio o cumplir con normativas específicas.
3. **Colaboración interdisciplinaria:** involucrar a diferentes departamentos (TI, legal, RR. HH.) para asegurar una visión integral y evitar lagunas en la cobertura.
4. **Validación:** verificar que la política cumpla con estándares internacionales, como por ejemplo, ISO 27001, o NIST, y normativas aplicables.

5. **Implementación:** comunicar la política de forma efectiva a todos los niveles, capacitando al personal en su cumplimiento y creando mecanismos de supervisión.

 **EJEMPLO**

Antes de implementar una política de uso de dispositivos personales, es necesario evaluar los riesgos asociados, definir controles específicos y formar al personal y colaboradores sobre su correcta aplicación.

 TAREA 2

Tu empresa necesita una política para gestionar los accesos a la red interna.

Diseña una política básica que incluya:

• Objetivo y alcance.
• Procedimientos para asignar, modificar y revocar accesos.
• Controles de seguridad, como autenticación multifactor y auditorías.
• Ciclo de revisión y actualización de la política.

2.5. Hacer que se cumplan las decisiones sobre estrategia y políticas

La implementación de una política no garantiza su cumplimiento, por lo que es necesario establecer mecanismos para reforzar su adopción.

Estos mecanismos son:

Capacitación continuada
- Formar al personal sobre ciberseguridad y las implicaciones de las políticas mediante talleres, simulaciones y cursos periódicos.

Continúa en página siguiente >>

<< *Viene de página anterior*

Supervisión y monitoreo
- Utilizar herramientas de monitoreo para identificar accesos no autorizados, configuraciones incorrectas o comportamientos sospechosos.

Auditorías periódicas
- Revisar periódicamente el cumplimiento de las políticas y realizar ajustes si son necesarios para abordar nuevas amenazas o cambios organizativos.

Sanciones claras
- Especificar las consecuencias de no seguir las políticas, desde advertencias hasta acciones disciplinarias, dependiendo de la gravedad de la infracción.

 EJEMPLO

Una auditoría trimestral conseguiría identificar usuarios con accesos innecesarios a información confidencial, lo que permitiría tomar medidas correctivas a tiempo.

 ACTIVIDAD COMPLEMENTARIA

2. Investiga sobre las ventajas y desventajas de personalizar las políticas de seguridad en función del tamaño y sector de la organización frente a adoptar políticas estándar universales.

   En base a ello, busca información sobre enfoques de personalización (ISO 27001, marcos de NIST) y ejemplos de estándares universales aplicados. Analiza cómo cada enfoque impacta la seguridad, recursos y adaptabilidad de una organización.

2.6. Guía para diseñar e implementar una política de seguridad integral en una organización

Los siguientes apartados tienen como objetivo servir de **guía para diseñar e implementar una política de seguridad integral en una organización.** Cada sección incluye los aspectos clave que deben considerarse, organizados por área de aplicación. La lista acciones puede utilizarse como un *checklist* para asegurar que todos los elementos necesarios se han contemplado a la hora de diseñar políticas de seguridad.

Seguridad de la información

En esta sección se abordan los principios fundamentales para proteger los datos de la organización, el establecimiento de niveles de acceso, definición de normas para contraseñas seguras y la aplicación de controles que garanticen la confidencialidad, integridad y disponibilidad de la información.

Niveles de acceso	- Definir los niveles de acceso a la información para empleados según sus roles y responsabilidades.
Contraseñas seguras	- Establecer normas para el uso de contraseñas seguras (longitud, complejidad, renovación periódica).
Controles de seguridad	- Implementar controles para proteger la confidencialidad, integridad y disponibilidad de la información.
Copias de seguridad	- Establecer procedimientos de copia de seguridad y recuperación ante desastres.

Seguridad de los sistemas y dispositivos

El correcto mantenimiento de los sistemas y dispositivos es clave para prevenir vulnerabilidades.

Los aspectos clave para mantener actualizados los sistemas operativos, utilizar herramientas de detección de intrusos y proteger los dispositivos móviles, son:

Seguridad en el uso de internet y correo electrónico

El uso de internet y correo electrónico representa un riesgo constante si no se gestionan adecuadamente. A continuación, se destacan las siguientes estrategias para restringir el acceso a sitios peligrosos:

Seguridad en las redes y comunicaciones

La protección de las redes y las comunicaciones es clave para evitar accesos no autorizados. Las prácticas más comunes para dicha protección son las siguientes:

Configuraciones	- Configurar *firewalls* y segmentar la red según las necesidades operativas.
Protocolos de comunicación	- Proteger las redes inalámbricas con protocolos seguros (WPA3 o equivalentes).
Monitoreo	- Monitorear el tráfico de red para identificar actividades sospechosas.
VPN	- Establecer conexiones remotas seguras mediante VPN.

 SABÍAS QUE...

Una VPN o Red Privada Virtual es una tecnología que permite establecer una conexión segura y encriptada entre un dispositivo y una red a través de internet. Funciona creando un túnel virtual que protege los datos transmitidos, evitando que terceros puedan interceptarlos o acceder a ellos.

Al utilizar una VPN, el tráfico de internet pasa por un servidor remoto, pasando a ocultar la dirección IP del usuario y mejorando así la privacidad. También, permite el acceso a recursos restringidos debido a la ubicación geográfica en la que se encuentre el usuario.

Gestión de incidentes de seguridad

Los incidentes de seguridad pueden ocurrir incluso con las mejores medidas de prevención, por lo que no es posible garantizar el 100 % los activos de información.

En este apartado, se expone la importancia para diseñar un plan de respuesta a incidentes, definir canales de comunicación efectivos y realizar simulaciones periódicas. Igualmente se enfatiza sobre documentar y analizar incidentes para prevenir recurrencias. Así, las principales estrategias de gestión de incidentes son:

- ⮑ **Plan de respuesta incidentes:** diseñar un plan de respuesta a incidentes que incluya roles, responsabilidades y acciones a seguir.
- ⮑ **Reporte de incidentes:** definir canales de comunicación para reportar incidentes.
- ⮑ **Simulacros:** realizar simulacros periódicos para evaluar la eficacia del plan.
- ⮑ **Documentación:** documentar y analizar todos los incidentes para prevenir recurrencias.

Seguridad en la contratación y relación con proveedores

Las relaciones con terceros también pueden ser un punto de vulnerabilidad.

Este apartado resalta la importancia de llevar a cabo las siguientes prácticas:

- ⮑ **Evaluaciones de riesgos:** evaluar los riesgos de seguridad asociados a los proveedores.
- ⮑ **Cláusulas de seguridad:** incluir cláusulas de seguridad en los contratos.
- ⮑ **Monitoreo:** monitorizar el cumplimiento de las políticas de **seguridad por parte de los proveedores.**
- ⮑ **Relaciones con terceros:** establecer procesos para la terminación segura de las relaciones con terceros.

Formación y concienciación del personal

El personal es una línea de defensa clave en la seguridad de la información, también la más débil.

Aprende aspectos clave para diseñar programas de capacitación periódicos, desarrollar programas de concienciación sobre amenazas como *phishing* y *ransomware,* y fomentar una cultura organizacional enfocada en la seguridad. Para involucrar a tu equipo en la protección de la empresa, es necesario tener en cuenta:

- ⮞ **Capacitación continua:** realizar formaciones periódicas en ciberseguridad para todos los empleados.
- ⮞ **Políticas de comunicación:** informar sobre las políticas de seguridad y las consecuencias de no cumplirlas.
- ⮞ **Concienciación en ciberseguridad:** desarrollar programas de concienciación sobre amenazas en auge como *phishing* y *ransomware*.
- ⮞ **Cultura de ciberseguridad:** fomentar una cultura organizacional enfocada en la seguridad.

Auditorías y mejora continua

La seguridad de la información es un proceso dinámico que requiere evaluación constante.

En este apartado conocerás cómo realizar auditorías periódicas, implementar sistemas de retroalimentación y actualizar políticas para adaptarse a cambios tecnológicos y normativos. Descubre también cómo usar indicadores clave de rendimiento para medir la eficacia de las iniciativas de seguridad:

- ⮞ **Auditorías periódicas:** realizar auditorías periódicas para evaluar la efectividad de las políticas de seguridad.
- ⮞ **Sistema de mejora:** implementar un sistema de retroalimentación para identificar áreas de mejora.
- ⮞ **Políticas actualizadas:** actualizar las políticas regularmente para reflejar cambios tecnológicos o normativos.
- ⮞ **Indicadores de rendimiento:** utilizar indicadores clave de rendimiento o KPIs para medir el éxito de las iniciativas de seguridad.

NOTA

La información aportada en cada apartado se puede personalizar según las necesidades específicas de la organización. Se recomienda asignar responsables a cada área para garantizar la implementación efectiva de las políticas de seguridad.

3. Resumen

Las políticas de seguridad son clave para proteger los activos de información de una organización. Previenen amenazas tanto internas como externas al establecer controles claros, al mismo tiempo que asigna roles y responsabilidades que aseguran una gestión estructurada de la seguridad de los activos de información. Asimismo, contribuyen al cumplimiento normativo, fortaleciendo la confianza de la clientela y socios, lo cual es clave para el éxito organizacional.

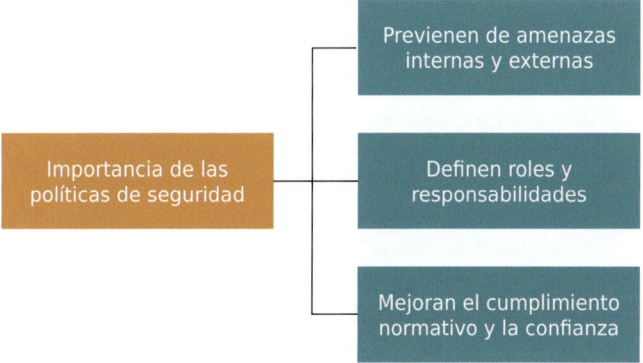

El diseño de políticas efectivas requiere incluir elementos esenciales como un objetivo definido, alcance claro, roles bien establecidos y procedimientos detallados. Es importante evitar errores como la ambigüedad, el uso excesivo de tecnicismos o la falta de aplicabilidad. Su conformación debe ser un proceso metódico que comience con el análisis de riesgos, pase por la colaboración interdisciplinaria y termine con la validación de los alineamientos.

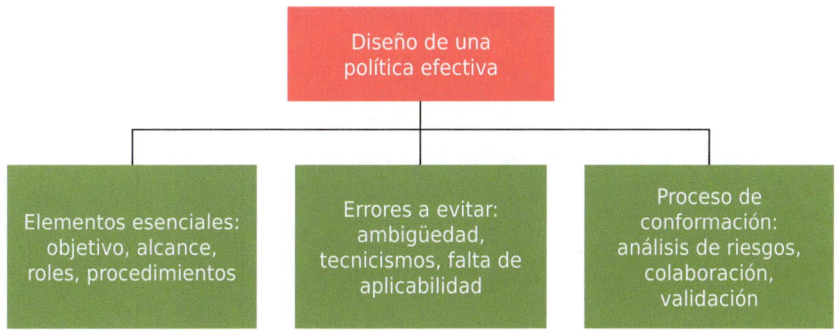

Para garantizar que las políticas sean efectivas, es muy importante capacitar al personal de las organizaciones de forma continuada, supervisar las actividades para detectar incumplimientos, y realizar auditorías periódicas. Además, deben implementarse sanciones claras que fomenten el respeto por las normas y procedimientos establecidos.

Garantizar el cumplimiento de las políticas de seguridad

Capacitación constante para empleados	Supervisión y monitoreo de actividades	Auditorías regulares y sanciones claras

Existen dos enfoques principales para diseñar políticas: la personalización y la estandarización. La personalización permite adaptarlas a las necesidades específicas de la organización, maximizando su eficacia en contextos concretos. Por otro lado, la estandarización, basada en marcos internacionales como son las Normas ISO o NIST, asegura un nivel uniforme de seguridad y facilita el cumplimiento global. La elección dependerá de los recursos, objetivos y tamaño de la organización.

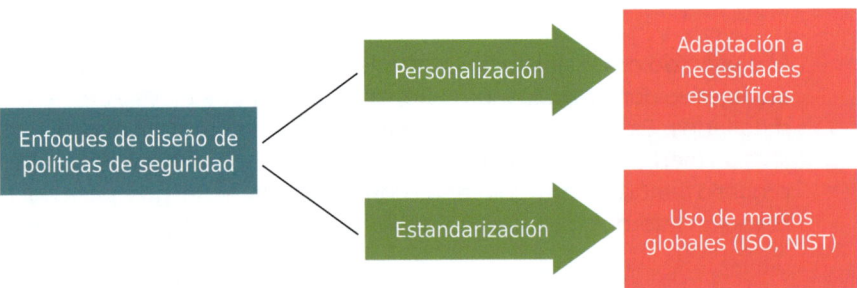

Ejercicios de autoevaluación
Unidad de Aprendizaje 2

1. ¿Cuál es el objetivo general de las políticas de seguridad informática?

    a. Proteger exclusivamente los sistemas operativos.
    b. Garantizar la confidencialidad, integridad y disponibilidad de la información.
    c. Establecer restricciones de acceso para todo tipo de usuarios.
    d. Mejorar la velocidad de los sistemas informáticos.

2. ¿Qué elemento no debería contener una política de seguridad?

    a. Ambigüedad
    b. Roles y responsabilidades
    c. Gestión de accesos
    d. Procedimientos y normas

3. ¿Qué norma internacional se menciona como referencia para políticas de seguridad?

    a. ISO 9001
    b. ISO 27001
    c. GDPR
    d. NIST 800-53

4. ¿Cuál es una de las razones principales para implementar políticas de seguridad?

    a. Incrementar la productividad laboral.
    b. Prevenir amenazas internas y externas.
    c. Sustituir sistemas tecnológicos obsoletos.
    d. Eliminar completamente los incidentes de seguridad.

5. ¿Qué estrategia fomenta el cumplimiento de políticas de seguridad?

    a. Capacitación continua.
    b. Uso de contraseñas compartidas.
    c. Evitar auditorías periódicas.
    d. Redactar las políticas en lenguaje técnico.

6. ¿Qué ventaja ofrece la personalización de políticas de seguridad?

    a. Maximiza la interoperabilidad global.
    b. Se ajusta a las necesidades específicas de la organización.
    c. Reduce costos y tiempo de implementación.
    d. Evita la necesidad de realizar auditorías.

7. ¿Cuál de los siguientes es un error común en políticas de seguridad?

    a. Claridad de responsabilidades.
    b. Inclusión de sanciones.
    c. Uso excesivo de tecnicismos.
    d. Actualización periódica.

8. ¿Qué permite el análisis de riesgos en una política de seguridad?

    a. Identificar y priorizar amenazas relevantes.
    b. Garantizar el cumplimiento normativo.
    c. Evitar simulacros de seguridad.
    d. Reducir la necesidad de controles de acceso.

9. ¿Qué aspecto fortalece una cultura organizacional de ciberseguridad?

    a. Capacitar únicamente al personal técnico.
    b. Supervisar actividades sin sancionar incumplimientos.
    c. Fomentar una concienciación compartida en la seguridad.
    d. Excluir normativas locales.

10. ¿Qué directriz ayuda a mantener la seguridad en sistemas y dispositivos?

    a. Permitir acceso irrestricto a todos los usuarios.
    b. Instalar actualizaciones de *software* periódicamente.
    c. Utilizar contraseñas simples para todos los equipos.
    d. Desactivar el cifrado en dispositivos móviles.

Unidad de aprendizaje 3

Caracterización de la auditoría de seguridad y gestión de la normativa de seguridad

Contenido

Objetivos

El objetivo general de esta Unidad de Aprendizaje es:

→ Desarrollar habilidades para implementar auditorías de seguridad de la información y gestionar la normativa de seguridad en las organizaciones, garantizando la protección de activos, la continuidad del negocio y el cumplimiento legal.

Los objetivos específicos de esta Unidad de Aprendizaje son:

→ Comprender el ciclo de vida de un sistema de gestión de seguridad de la información.

→ Identificar y clasificar los activos de información dentro de una organización.

→ Analizar las medidas de seguridad humana, física y del entorno.

→ Establecer procedimientos para la gestión de comunicaciones y operaciones seguras.

→ Diseñar estrategias de controles de acceso efectivos.

→ Planificar la gestión de continuidad del negocio frente a incidentes.

1. Introducción

En un entorno digital donde las amenazas son cada vez más complejas y frecuentes, garantizar la seguridad de los activos informáticos se ha convertido en una prioridad para las organizaciones. La auditoría de seguridad y los sistemas de gestión de seguridad de la información (SGSI) permiten establecer controles efectivos que minimicen riesgos, aseguren el cumplimiento normativo y refuercen la confianza de clientes y socios.

Esta unidad proporcionará una visión integral sobre los elementos clave para gestionar la seguridad de la información en el ámbito empresarial. Se abordará el ciclo de vida de un SGSI, las medidas de seguridad necesarias y cómo garantizar la continuidad del negocio ante posibles incidentes. Además, se presentarán ejemplos prácticos y actividades que te ayudarán a consolidar los conocimientos adquiridos. Para alcanzar estos objetivos, nos seguiremos basando en el caso de Ana y su ánimo de proteger con eficiencia y eficacia los activos de protección de la empresa en la que trabaja.

2. Introducción a la auditoría de seguridad de la información y a los sistemas de gestión de seguridad de la información

👉 HILO CONDUCTOR

Ana, directora de TI de una consultoría, se dio cuenta de que los controles implementados en su empresa no eran suficientes para proteger la información sensible. Decidió adoptar un SGSI, comenzando con la identificación de activos críticos, implementación de medidas como la autenticación multifactorial y auditorías trimestrales. Esto le permitió reducir incidentes de seguridad y fortalecer la confianza de sus clientes.

La **auditoría de seguridad de la información** consiste en un proceso sistemático que evalúa la implementación y efectividad de los controles de seguridad en una organización. Su objetivo principal es identificar vulnerabilidades, garantizar el cumplimiento de normativas y proponer mejoras para proteger los activos digitales.

Los **sistemas de gestión de seguridad de la información (SGSI)** se basan en normativas internacionales, como ISO 27001, y representan un enfoque estructurado para gestionar los riesgos. Incluyen estrategias de planificación, implementación y evaluación continua, garantizando la protección de la información y su disponibilidad.

 SABÍAS QUE...

Según el Instituto Nacional de Ciberseguridad (INCIBE, 2025), un SGSI bien implementado reduce significativamente las probabilidades de un ciberataque.

2.1. Ciclo del sistema de gestión de seguridad de la información

La gestión de la seguridad de la información es un proceso cíclico que busca proteger los activos informativos de una organización, mediante un modelo estructurado y orientado a la mejora continua. El enfoque **PDCA (Planificar, Hacer, Verificar, Actuar)** asegura que cada etapa contribuye al fortalecimiento del sistema de seguridad, garantizando su adaptabilidad frente a nuevas amenazas y cambios regulatorios. Este enfoque, también fomenta la integración de tecnologías emergentes y la participación activa del personal en la prevención de incidentes.

Este **ciclo del sistema de gestión de seguridad de la información** consiste en:

- **Planificar** *(Plan):* identificar los activos de información, evaluar los riesgos asociados a estos activos, y establecer políticas y objetivos de seguridad alineados con las necesidades de la organización. Por ejemplo, crear una política para el uso seguro de dispositivos móviles dentro de la empresa.
- **Hacer** *(Do):* implementar controles y medidas de seguridad definidos en la etapa de planificación. Por ejemplo, en esta etapa se incluye la formación del personal y la implementación de tecnologías de seguridad como *firewalls* o sistemas de detección de intrusos.
- **Verificar** *(Check):* realizar auditorías, revisiones y monitoreos para evaluar la eficacia de los controles implementados. Por ejemplo, ejecutar pruebas de penetración para identificar vulnerabilidades en la red.

⊃ **Actuar** *(Act)*: implementar mejoras basadas en los resultados de las auditorías y revisiones. Por ejemplo, ajustar las políticas de seguridad de la empresa en función de los incidentes detectados.

SABÍAS QUE...

El modelo PDCA también puede adaptarse a contextos específicos de la organización, como proteger sistemas críticos en hospitales o asegurar la cadena de suministro en una empresa logística. El uso de plataformas digitales de gestión, como por ejemplo *Jira* o *Trello*, facilita el seguimiento del ciclo y su documentación.

El ciclo del sistema de gestión de seguridad de la información permite adaptarse a nuevas amenazas, asegurar la alineación con normativas internacionales como relativas a la seguridad de la información como es la Norma ISO 27001, cuyo objetivo es garantizar la protección continua de los activos de información.

ISO 27001 es un estándar internacional para la gestión de la seguridad de la información, asegurando la protección de activos críticos.

 **PARA SABER MÁS**

Puedes acceder a la norma ISO 27001 desde aquí.

https://redirectoronline.com/ifct1160300

 APLICACIÓN PRÁCTICA

Una organización desea implementar un SGSI utilizando el ciclo PDCA. Sin embargo, el personal no está familiarizado con las herramientas necesarias para cada etapa del ciclo.

Solución

La implementación efectiva de un SGSI requiere que el personal conozca y utilice herramientas tecnológicas específicas que apoyen cada etapa del ciclo PDCA. Esto no solo mejora la eficacia del proceso, sino que también fomenta la responsabilidad interna y reduce la dependencia de terceros. Por ejemplo:

Planificar	Utilización de herramientas de análisis de riesgos como *RiskWatch*
Hacer	Implementación con plataformas como *Microsoft Defender*
Verificar	Auditorías con *Nessus*
Actuar	Gestión de cambios con *Jira*

2.2. Seguridad de la información

Proteger la información es fundamental para garantizar el funcionamiento eficiente de una empresa u organización. Este proceso implica mantener la **confidencialidad, integridad** y **disponibilidad** de los datos en todo momento. Las organizaciones deben implementar controles robustos que minimicen el impacto de amenazas internas y externas, a la vez que promuevan una cultura de seguridad entre sus colaboradores.

Los tres pilares fundamentales de la seguridad de la información según el **modelo CIA** son:

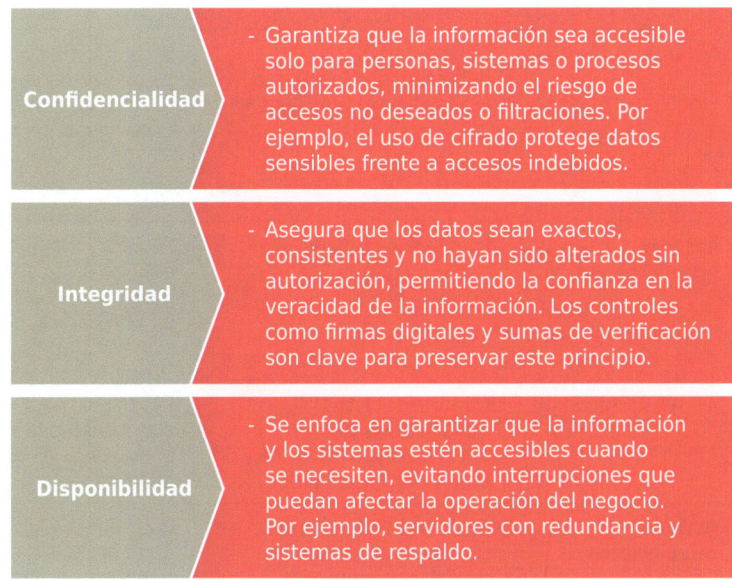

2.3. Definiciones y clasificación de los activos

Llegado a este punto hay que recordar que, los **activos de información** son recursos clave para cualquier organización, ya que representan el soporte fundamental para las operaciones llevadas a cabo, la toma de decisiones y la generación de valor. Estos activos pueden ser tangibles o intangibles, y abarcan desde bases de datos y sistemas tecnológicos hasta conocimientos del personal y relaciones estratégicas. Identificar y clasificar los activos de información es el primer paso para implementar medidas de protección adecuadas y asegurar su **disponibilidad, integridad** y **confidencialidad.**

Categoría de Activo	Ejemplos	Descripción
Activos de información	Bases de datos, documentos electrónicos, contratos, planes estratégicos, correos electrónicos.	Información crítica para la operación y toma de decisiones, almacenada en diferentes formatos.
Activos tecnológicos	Servidores, ordenadores y dispositivos electrónicos, sistemas de almacenamiento, redes, *software* de gestión.	Infraestructura física y lógica que soporta la creación, almacenamiento y transmisión de la información.
Activos humanos	Conocimientos, habilidades, experiencia, credenciales de acceso.	El capital humano encargado de operar sistemas, tomar decisiones y asegurar la continuidad del negocio.
Activos organizativos	Políticas, procesos, procedimientos, normas internas.	Recursos intangibles que definen cómo se gestiona y utiliza la información en la empresa.
Activos físicos	Centros de datos, instalaciones de oficinas, dispositivos de almacenamiento externos.	Espacios y equipos que almacenan o facilitan el acceso a los activos de información.
Activos relacionales	Relaciones con clientes, proveedores, acuerdos de colaboración.	Conexiones externas que implican el intercambio o gestión de información crítica.
Activos financieros	Reportes contables, presupuestos, proyecciones financieras.	Datos esenciales para la sostenibilidad económica y la planificación estratégica de la empresa.
Activos legales	Contratos, registros de propiedad intelectual, documentación de cumplimiento normativo.	Documentación clave para proteger los intereses legales y regulatorios de la organización.

Se recomienda realizar revisiones periódicas para actualizar esta clasificación según cambios organizacionales.

◁◎▷ EJEMPLO

Un hospital puede clasificar los historiales clínicos como activos de información críticos y priorizar su protección mediante sistemas de encriptación y acceso restringido.

Sin embargo, la seguridad de estos activos de información suele verse comprometida por diversas amenazas, como los códigos maliciosos o *malware, phishing,* accesos no autorizados y por factores humanos. Para minimizar estos riesgos, es esencial establecer políticas, procedimientos y tecnologías específicas que refuercen la protección de la información.

El uso de tecnologías como la inteligencia artificial para la detección de amenazas, la encriptación cuántica y los sistemas de autenticación biométrica, refuerzan la seguridad frente a las ciberamenazas que afectarían a la seguridad de los activos de información.

Además de medidas de protección tradicionales, las organizaciones pueden adoptar **frameworks** reconocidos, como el NIST *Cybersecurity Framework,* para estructurar buenas prácticas en seguridad. Complementar estas acciones con ejercicios de concienciación, como simulaciones de ataques de *phishing,* fortalece aún más la capacidad de defensa frente a incidentes de seguridad.

SABÍAS QUE...

Los *frameworks* son marcos de trabajo estructurados que proporcionan directrices, estándares y mejores prácticas para abordar un problema específico de manera sistemática. En el contexto de la seguridad de la información, los *frameworks* ayudan a las organizaciones a gestionar riesgos, implementar controles, cumplir con normativas y mejorar la protección de sus activos informativos. Ejemplos conocidos de estos marcos de trabajo son, el NIST *Cybersecurity Framework,* ISO 27001, y COBIT, cada uno adaptado a diferentes necesidades y sectores.

La clasificación de los activos de información también debe considerar el impacto financiero de una posible brecha de seguridad.

Herramientas como CMDB (configuration management database o base de datos de la gestión de la información) ayudan a centralizar la gestión de activos.

SABÍAS QUE...

Una CMDB o *Base de datos de gestión de configuración,* es un repositorio centralizado que almacena información detallada sobre los activos de una organización y sus relaciones. Estos activos, también conocidos como elementos de configuración o, *Configuration items* (CI), son *hardware, software,* redes, aplicaciones, documentación, y otros componentes críticos para las operaciones

Continúa en página siguiente >>

<< Viene de página anterior

de TI. El objetivo principal de una CMDB es proporcionar una visión completa y correctamente estructurada del entorno de TI, facilitando la gestión, el monitoreo y la toma de decisiones basadas en información de valor.

Una **CMDB** proporciona datos precisos y actualizados para gestionar incidentes, planificar cambios o implementar mejoras. Ofrece una visión global del entorno de TI, facilitando el monitoreo y el mantenimiento. También, ayuda a evaluar el impacto de cambios o incidentes en los activos relacionados. Finalmente, facilita la certificación del cumplimiento normativo al centralizar la documentación y el seguimiento de activos.

 ACTIVIDAD COMPLEMENTARIA

3. Investiga y compara estos tres *frameworks* de seguridad: ISO 27001, NIST y COBIT. Analiza sus ventajas e inconvenientes, y evalúa cuál sería más adecuado de implementar para una pequeña empresa tecnológica. Comparte la solución con el resto de participantes.

2.4. Seguridad humana, seguridad física y del entorno

Para garantizar una protección completa, es esencial abordar la seguridad desde diferentes perspectivas. La seguridad humana, física y del entorno trabaja en conjunto para prevenir incidentes que puedan comprometer la información o las operaciones críticas de una organización.

Los diferentes enfoques para proteger la información son:

Seguridad humana
- Se enfoca en garantizar que los empleados comprendan los riesgos y sigan las políticas de seguridad. Incluye capacitación periódica, verificación de antecedentes y acuerdos de confidencialidad. Por ejemplo, capacitar al personal en la identificación de correos de *phishing*.

Continúa en página siguiente >>

<< Viene de página anterior

Seguridad física
- Protege los espacios donde se almacena o procesa información mediante controles como cámaras de vigilancia, cerraduras electrónicas y guardias de seguridad.

Seguridad del entorno
- Consiste en la protección contra amenazas naturales y ambientales, como incendios, inundaciones o cortes de energía. Por ejemplo, instalar sistemas contra incendios y asegurar un suministro eléctrico ininterrumpido a través de generadores.

La implementación de evaluaciones regulares de riesgos físicos puede identificar vulnerabilidades no previstas. También es fundamental integrar controles como acceso restringido a áreas sensibles mediante identificación biométrica o tarjetas de acceso personalizadas.

 VÍDEO

Si deseas profundizar en cómo proteger de forma integral los activos de información en las organizaciones, accede al siguiente recurso que proporciona información relevante sobre la protección de los activos de información.

https://redirectoronline.com/ifct1160103

2.5. Gestión de comunicaciones y operaciones

La **gestión adecuada de las comunicaciones y las operaciones** es clave para mantener la continuidad del negocio. Esto implica aprender a manejar los cambios de manera eficiente, la implementación de medidas de seguridad en las comunicaciones y el respaldo constante de datos.

Seguidamente, se muestran detalles de estos aspectos que hay que abordar de forma óptima:

- **Control de cambios:** procedimientos claros para implementar actualizaciones o cambios en los sistemas sin comprometer la seguridad. Por ejemplo, probar las actualizaciones en un entorno controlado antes de aplicarlas en producción.
- **Seguridad en las comunicaciones:** uso de técnicas como cifrado, redes privadas virtuales (VPN) y monitoreo del tráfico de red para proteger los datos en tránsito.
- *Backups:* respaldo periódico de datos críticos para su recuperación ante incidentes. Por ejemplo, realizar copias de seguridad automáticas diarias y almacenar una copia en una ubicación remota.
- **Gestión de incidentes:** implica la identificación, respuesta y registro de eventos de seguridad para minimizar el impacto. Por ejemplo, contener un ataque de *ransomware* desconectando el sistema afectado de la red.

 **NOTA**

Además de las medidas mencionadas, las organizaciones pueden usar herramientas de monitoreo como SIEM *(security information and event management)* para identificar patrones sospechosos y responder proactivamente.

2.6. Control de accesos

Los **controles de acceso** son fundamentales para garantizar la seguridad de la información en cualquier tipo de organización. Estas medidas buscan limitar y supervisar quién puede acceder a los sistemas, recursos y datos sensibles, reduciendo el riesgo de accesos no autorizados y posibles incidentes de seguridad.

Los principales elementos que conforman una estrategia efectiva de control de acceso son:

- **Autenticación:** uso de contraseñas robustas, biometría o autenticación multifactor (MFA) para verificar la identidad de los usuarios.

- **Autorización:** asignar permisos según el rol del usuario en la organización. Por ejemplo empleado del departamento de recursos humanos no debería tener acceso a datos financieros.
- **Principio de privilegios mínimos:** los usuarios deben tener solo los accesos necesarios para cumplir con sus funciones laborales.
- **Monitorización:** registro de accesos y actividades para detectar comportamientos sospechosos y responder a posibles incidentes.

 CONSEJO

Se recomienda implementar soluciones como IAM *(identity and access management* o gestión de identidades y accesos)* para automatizar y gestionar los accesos en grandes organizaciones. Igualmente, los protocolos de Single Sign-On (SSO) pueden mejorar la experiencia del usuario sin comprometer la seguridad.

2.7. Gestión de continuidad del negocio

La **gestión de continuidad del negocio** es un enfoque estratégico que garantiza que las operaciones críticas de una organización puedan mantenerse o recuperarse rápidamente frente a interrupciones. Este proceso implica identificar los procesos esenciales, diseñar planes de recuperación efectivos y validar su funcionalidad a través de pruebas periódicas.

Los componentes clave para asegurar la resiliencia del negocio y minimizar el impacto de posibles incidentes son:

Análisis de impacto al negocio
- Identificar procesos críticos, sus dependencias y las consecuencias de su interrupción.

Planes de recuperación
- Estrategias para restablecer las operaciones tras un desastre, como planes de respaldo para servidores y bases de datos.

Pruebas periódicas
- Validación de la eficacia de los planes mediante simulaciones y pruebas de recuperación.

A continuación, se presenta una tabla con un plan detallado para la gestión de continuidad del negocio:

Fase	Acciones clave	Descripción	Ejemplo
1. Análisis	Realizar un análisis de impacto al negocio	Identificar procesos críticos, dependencias y evaluar las consecuencias de su interrupción.	Analizar el impacto financiero y operativo de la caída de un servidor de base de datos.
2. Evaluación	Identificar amenazas y vulnerabilidades	Evaluar riesgos como desastres naturales, ciberataques, errores humanos, etc.	Identificar que una inundación podría afectar el centro de datos principal.
3. Planificación	Diseñar planes de recuperación y continuidad	Establecer estrategias para restaurar las operaciones, priorizando los procesos críticos.	Crear un plan de recuperación para restablecer servidores en un plazo de 4 h tras una interrupción.
4. Comunicación	Establecer un plan de comunicación de crisis	Definir canales y responsables para informar a empleados, clientes y partes interesadas durante un incidente.	Usar un grupo de *WhatsApp* y un sistema de notificaciones por correo para informar a todos los empleados.
5. Implementación	Configurar y probar las estrategias de recuperación	Instalar sistemas de respaldo, implementar redundancia y configurar sitios alternativos para operaciones críticas.	Configurar un sitio secundario para servidores en una ubicación diferente y realizar copias de seguridad diarias.
6. Capacitación	Formar al personal en procedimientos de continuidad	Realizar sesiones de entrenamiento y simulaciones para familiarizar a los empleados con el plan de continuidad.	Organizar un simulacro de recuperación para todo el equipo en caso de caída de sistemas.

Continúa en página siguiente >>

<< Viene de página anterior

Fase	Acciones clave	Descripción	Ejemplo
7. Pruebas	Realizar pruebas periódicas de los planes	Validar la eficacia de las estrategias mediante simulaciones y ejercicios de recuperación.	Simular un ataque de *ransomware* para probar el plan de respuesta y recuperación.
8. Revisión	Actualizar el plan en función de los cambios internos y externos	Revisar y modificar el plan de continuidad para adaptarlo a nuevos riesgos o cambios en la infraestructura.	Actualizar el plan tras la instalación de nuevos servidores o cambios en la estructura organizacional.
9. Monitoreo	Implementar un sistema de monitoreo continuo para detectar incidentes antes de que se conviertan en crisis	Supervisar en tiempo real la infraestructura crítica para detectar anomalías y responder rápidamente.	Usar *software* de monitoreo como *Nagios* para identificar fallos en los servidores antes de que afecten las operaciones.

NOTA

Integrar un sistema automatizado de actualización de planes puede garantizar que las estrategias estén alineadas con los cambios operativos. También es útil establecer acuerdos de nivel de servicio con proveedores críticos para mitigar riesgos.

2.8. Conformidad y legalidad

En un entorno empresarial altamente regulado, cumplir con las normativas y estándares legales no solo protege a las organizaciones de sanciones, sino que también fortalece la confianza de clientes, colaboradores y socios.

La conformidad implica adherirse a las siguientes acciones que son esenciales para mantener la integridad y la reputación de la organización:

Regulaciones
- Cumplimiento con normativas como el RGPD (Reglamento general de protección de datos), o ISO 27001.

Auditorías internas
- Evaluaciones periódicas para detectar no conformidades y garantizar que las prácticas sean consistentes con las políticas de seguridad.

Códigos de ética
- Políticas claras para guiar las acciones del personal y asegurar comportamientos éticos y responsables.

 TAREA 3

Imagina que formas parte del equipo de TI de una empresa que acaba de experimentar una interrupción grave en su servicio debido a un fallo en los servidores principales. Tu tarea es diseñar un esquema básico para gestionar la continuidad del negocio y minimizar el impacto de futuros incidentes. Para ello lleva a cabo estas acciones:

1. Identifica tres procesos críticos para la operación de la empresa y sus posibles dependencias.
2. Diseña un plan de recuperación para uno de los procesos críticos identificados. Incluye: una estrategia de respaldo y el tiempo máximo permitido para restablecer las operaciones.
3. Propón una estrategia de pruebas periódicas para validar la eficacia de tu plan.
4. Establece un plan de comunicación para informar a empleados y clientes durante la interrupción.

3. Resumen

El ciclo del SGSI, basado en el modelo PDCA (Planificar, Hacer, Verificar, Actuar), se compone de etapas clave que garantizan una gestión eficiente y adaptativa de la seguridad de la información.

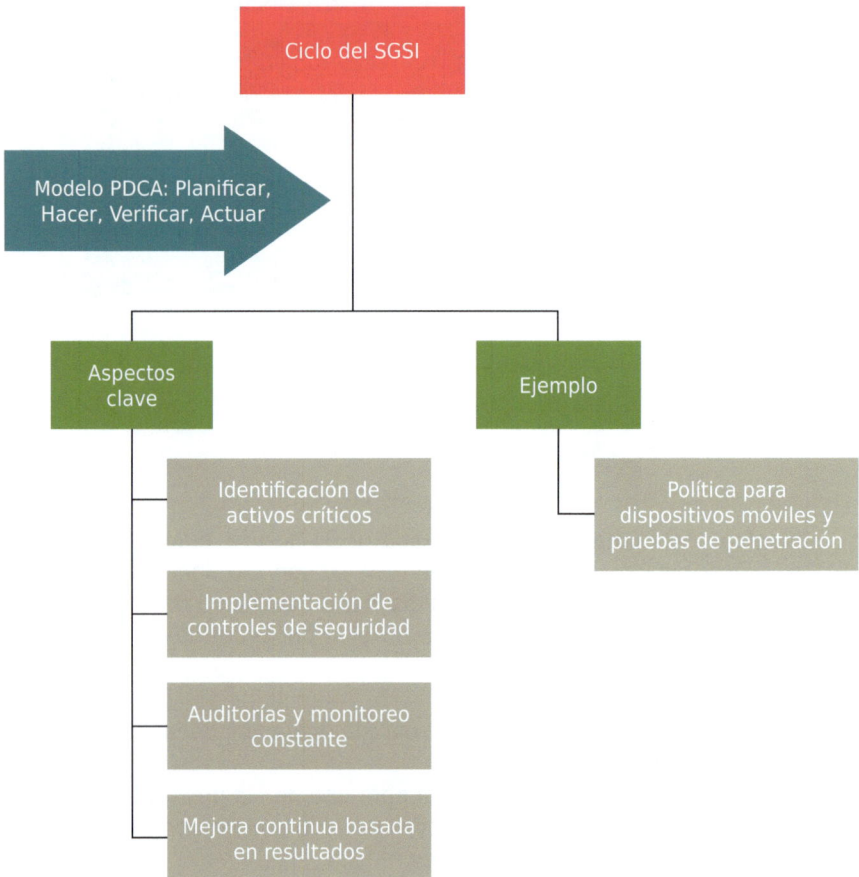

La seguridad de la información se fundamenta en principios básicos como la confidencialidad, que asegura que la información solo sea accesible a personas autorizadas, la integridad, que protege los datos frente a alteraciones no autorizadas, y la disponibilidad, que garantiza el acceso continuo a la información cuando se necesita. Estos principios se refuerzan mediante controles básicos como la encriptación, la redundancia y el uso de firmas digitales para proteger los datos. Sin embargo, las amenazas como códigos maliciosos, *phishing* y errores humanos representan riesgos constantes, subrayando la importancia de implementar estrategias robustas para mitigar posibles vulnerabilidades.

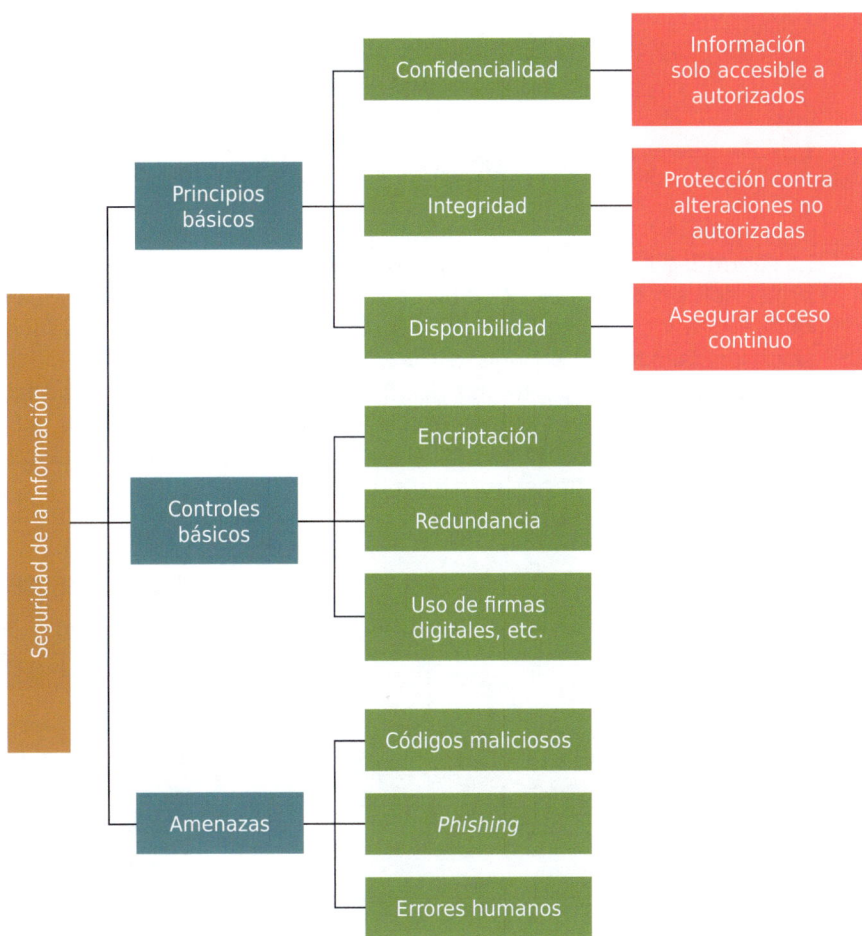

La gestión de continuidad del negocio se basa en un enfoque estratégico que asegura la capacidad de una organización para responder eficazmente ante interrupciones. Este enfoque incluye fases como el análisis de impacto, donde se identifican los procesos críticos y sus dependencias, la planificación, en la que se diseñan estrategias de recuperación para priorizar la resiliencia, y la capacitación, que garantiza que el personal esté preparado para ejecutar los planes de manera efectiva. Estas acciones se complementan con pruebas periódicas y un monitoreo constante para validar la eficacia de las estrategias implementadas y adaptarlas a nuevos desafíos.

Clasificación de activos de información: tipos de activos

Información (bases de datos, documentos)	**Tecnológicos** (servidores, redes)	**Humanos** (conocimientos, experiencia)	**Organizativos** (marcas, procesos)

La seguridad humana, física y del entorno son pilares fundamentales para proteger los activos críticos de una organización. La seguridad humana garantiza que los empleados estén capacitados y cumplan con políticas de confidencialidad. La seguridad física protege las instalaciones mediante cámaras, cerraduras y sistemas de vigilancia. Finalmente, la seguridad del entorno asegura la protección frente a amenazas naturales y fallos técnicos con medidas como sistemas contra incendios y generadores eléctricos. Estos componentes trabajan de forma conjunta para minimizar riesgos y fortalecer la resistencia del negocio.

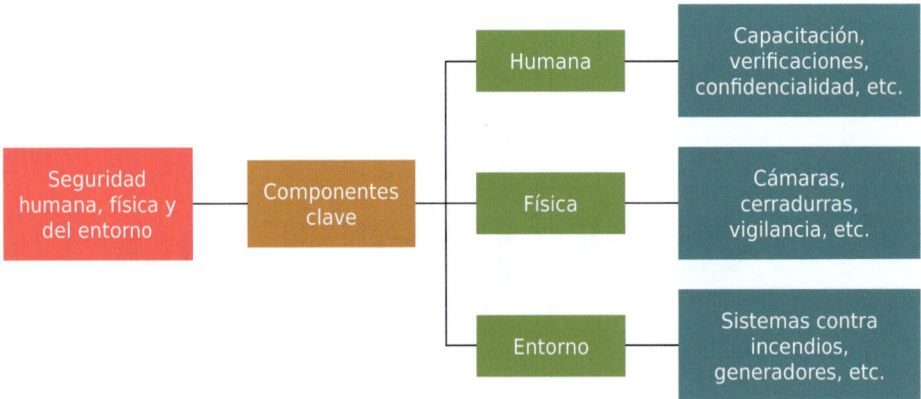

La gestión de comunicaciones y operaciones es necesaria para garantizar la continuidad y seguridad en los procesos de una organización. Abarca el **control de cambios en sistemas,** que asegura actualizaciones seguras y planificadas, la **seguridad en comunicaciones,** que emplea herramientas como VPNs y cifrado para proteger los datos en tránsito, los **backups** frecuentes y externos, que garantizan la recuperación ante fallos, y la **gestión de incidentes,** que se centra en la contención rápida y el registro detallado de eventos para minimizar impactos y prevenir futuras incidencias. Estos aspectos clave fortalecen también la resiliencia operativa y protegen la infraestructura crítica.

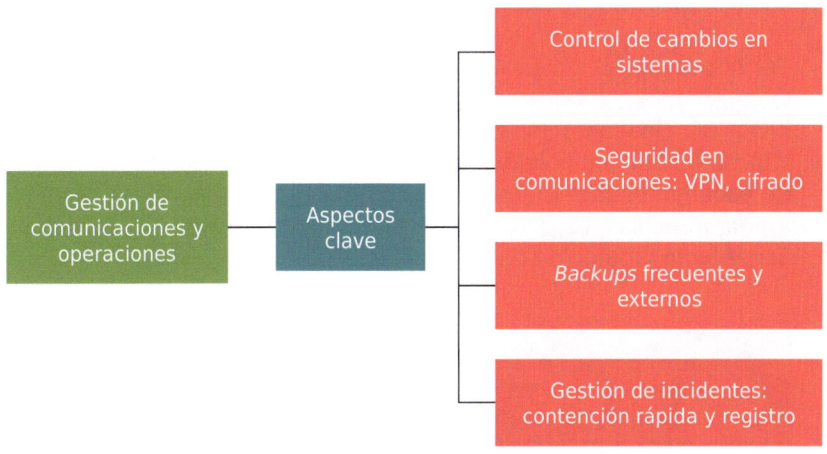

El control de accesos es un componente muy importante para proteger los sistemas y la información sensible de una organización. Abarca la autenticación mediante métodos avanzados como la autenticación multifactor y la biometría para verificar la identidad de los usuarios, y autorización basada en roles, que asigna permisos según las responsabilidades de cada individuo. También, aplica el principio de privilegios mínimos, asegurando que los usuarios solo tengan acceso a lo necesario para cumplir sus funciones, y la monitorización de accesos y actividades, que permite detectar comportamientos sospechosos y responder a incidentes de manera proactiva. Estas medidas refuerzan la seguridad y reducen los riesgos asociados a accesos no autorizados.

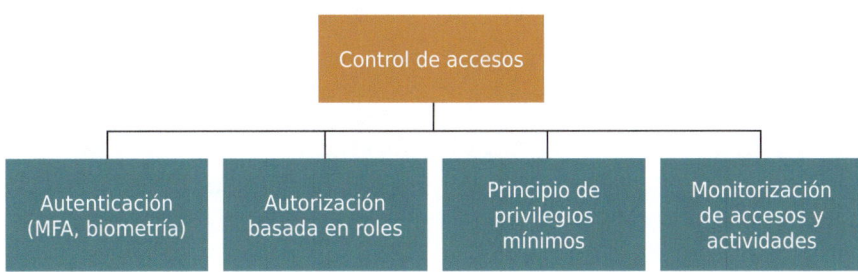

Los pilares para la continuidad del negocio implica el análisis de impacto al negocio, que identifica procesos críticos y sus dependencias, los planes de recuperación ante desastres, que establecen estrategias claras para restablecer operaciones, y las simulaciones periódicas, que validan la eficacia de estos planes frente a posibles interrupciones.

Por otro lado, las claves de conformidad y legalidad para la seguridad de la información se basan en el cumplimiento de normativas como RGPD o ISO 27001, la realización de auditorías internas periódicas para garantizar la alineación con las políticas de seguridad, y la implementación de códigos de ética claros que guíen las acciones del personal. Estos elementos son fundamentales para garantizar la continuidad operativa y fortalecer la confianza en la protección de la información.

Pilares para la continuidad del negocio	Claves de conformidad y legalidad para la seguridad de la información
- Análisis de impacto al negocio - Planes de recuperación ante desastres - Simulaciones periódicas para validación	- Cumplimiento de normativas como RGPD o ISO 27001 - Auditorías internas periódicas - Códigos de ética claros para el personal

Ejercicios de autoevaluación
Unidad de Aprendizaje 3

1. **¿Cuál es el objetivo principal de la auditoría de seguridad de la información?**

   a. Incrementar la velocidad de la red.
   b. Identificar vulnerabilidades y garantizar el cumplimiento normativo.
   c. Reducir el costo de implementación de software.
   d. Desarrollar *hardware* nuevo para la organización.

2. **¿Qué norma internacional se utiliza como referencia para un SGSI?**

   a. ISO 14001
   b. ISO 9001
   c. ISO 27001
   d. ISO 31000

3. **¿Cuál es el enfoque utilizado en el ciclo del sistema de gestión de seguridad de la información?**

   a. Modelo de cascada
   b. PDCA (Planificar, Hacer, Verificar, Actuar)
   c. Ciclo en espiral
   d. Método ágil

4. **¿Qué acción se realiza en la fase "Planificar" del modelo PDCA?**

   a. Realizar pruebas de penetración.
   b. Identificar activos y evaluar riesgos.
   c. Implementar tecnologías de seguridad.
   d. Ajustar políticas de seguridad.

5. **¿Qué aspecto aborda la seguridad humana en la gestión de la seguridad de la información?**

   a. Control de accesos físicos.
   b. Capacitación en riesgos y políticas de seguridad.

c. Protección contra incendios.
d. Gestión de sistemas biométricos.

6. ¿Qué principio del modelo CIA garantiza que la información esté accesible cuando se necesita?

a. Confidencialidad
b. Integridad
c. Disponibilidad.
d. No repudio

7. ¿Qué herramienta facilita la centralización de la gestión de activos en una organización?

a. VPN
b. CMDB *(Configuration Management Database).*
c. SIEM
d. *Firewall*

8. ¿Qué medida se implementa para proteger la seguridad del entorno en una organización?

a. Instalación de sistemas contra incendios.
b. Capacitación del personal en ciberseguridad.
c. Uso de sistemas de autenticación biométrica.
d. Configuración de un CMDB.

9. ¿Cuál es un ejemplo de control de acceso basado en el principio de privilegios mínimos?

a. Permitir que todos los empleados accedan a la base de datos financiera.
b. Limitar el acceso de un empleado de recursos humanos a datos financieros.
c. Garantizar que los administradores tengan acceso completo a todos los sistemas.
d. Compartir credenciales entre diferentes usuarios.

10. ¿Qué acción clave forma parte de la gestión de continuidad del negocio?

    a. Desarrollar una política para la actualización de dispositivos móviles.

    b. Implementar autenticación multifactorial.

    c. Realizar simulaciones de ciberataques para los clientes.

    d. Diseñar un plan de recuperación para procesos críticos.

Aplicación de estrategias de seguridad

Contenido

Objetivos

El objetivo general de esta unidad de Aprendizaje es:

→ Afrontar los elementos relativos a las estrategias de seguridad informática, a fin de obtener una visión global de las maniobras de seguridad como respuesta a los peligros a los que se enfrentan diariamente las organizaciones.

Los objetivos específicos de esta unidad de Aprendizaje son:

→ Identificar inventivas y técnicas de ataques.

→ Definir estrategias de medidas de seguridad informática y de la información.

→ Reconocer la importancia de una cultura corporativa en cuestiones de seguridad informática.

1. Introducción

Una de las prioridades para el mundo empresarial y organizativo es la de poder contar con medidas de protección eficientes contra daños a los sistemas informáticos.

Los perjuicios ocasionados de manera voluntaria originados por ataques y otros peligros son verdaderamente un quebradero de cabeza para las organizaciones. No obstante, existen soluciones capaces de aumentar la protección necesaria para que las empresas puedan orientar sus esfuerzos a la actividad productiva. Sin embargo, y aun contemplando estas medidas y debido a los grandes avances tecnológicos, es imposible confinar a un segundo plano la cuestión de seguridad informática, requiriendo esfuerzos continuos.

A lo largo de esta unidad, conocerás los principios y fundamentos básicos que rigen las diferentes estrategias de seguridad informática.

Para el desarrollo de este contenido, continuaremos apoyándonos en las experiencias de Ana, directora de TI en una consultoría tecnológica, quien representa un ejemplo de liderazgo y compromiso con el aprendizaje continuo en el ámbito de la ciberseguridad.

2. Aplicación de estrategias de seguridad

 HILO CONDUCTOR

Tras implementar el modelo de ciclo de vida de la seguridad de la información y establecer una política de seguridad clara, Ana decidió fortalecer la protección de su empresa aplicando diversas estrategias de seguridad, como la Defensa en Profundidad, el Principio de Menor Privilegio, la Simplicidad y la Participación Universal, entre otras. Estas medidas le han permitido lograr una protección integral que refuerza todas las líneas de defensa de su organización.

El término **estrategia** hace referencia al diseño de un conjunto de acciones y medidas que, al implementarse, facilitan la consecución de un objetivo específico. En el ámbito de la ciberseguridad, las estrategias son fundamentales para anticipar, prevenir y responder a posibles amenazas, asegurando así la protección de los sistemas y la información crítica de una organización.

Algunas estrategias básicas de seguridad son:

- **Conocer los métodos y recursos usados por los atacantes:** como es lógico y, antes de proceder a diseñar la estrategia más afín, se requiere del conocimiento más próximo de los elementos y las maneras de proceder del supuesto atacante.
  Por ejemplo, una empresa realiza análisis de inteligencia de amenazas cibernéticas para identificar tácticas comunes de *phishing* utilizadas contra su sector. Esto significa, estudiar correos de *phishing* reportados y conocer los patrones empleados por los atacantes para engañar a los empleados.
- **Establecer medidas preventivas:** no existe mejor estrategia que la implantación de medidas de protección frente a los peligros. Por ejemplo, una organización implementa autenticación multifactor y políticas de contraseñas robustas para proteger el acceso a sus sistemas críticos, minimizando el riesgo de accesos no autorizados.
- **Realizar simulaciones de ataques:** no solo es necesario determinar medidas, sino también ponerlas en práctica en escenarios virtuales para evitar riesgos innecesarios en situaciones extremas; esta es la mejor manera de ver cómo son de efectivas y de determinar aspectos mejorables.
  Por ejemplo, un equipo de seguridad organiza un ejercicio de simulación de ataque de *ransomware,* evaluando la respuesta del personal y los sistemas para identificar vulnerabilidades en sus procedimientos de recuperación.
- **Responder a eventualidades:** las estrategias de seguridad, además de adoptar medidas preventivas, también ofrecen medidas reactivas que den respuestas a incidentes ya presentados. Por ejemplo, tras un ataque de denegación de servicio (DDoS) que afecta su sitio web, una empresa activa su plan de contingencia, redirigiendo el tráfico a un servidor alternativo y notificando a sus clientes sobre el incidente mientras se mitiga el problema.

NOTA

Cada estrategia de seguridad cubrirá diferentes expectativas de seguridad y todas contemplarán el mismo recorrido para implementar las medidas de actuación.

2.1. Menor privilegio

La estrategia de seguridad de **menor privilegio** es aquella que asigna a los usuarios del sistema informático los privilegios mínimos, para el acceso y uso de equipos y sistemas de información, en función de sus responsabilidades profesionales.

 **EJEMPLO**

Un empleado con responsabilidades básicas en el Departamento de Recursos Humanos únicamente debería tener acceso a los archivos y carpetas relacionados con la gestión de personal, mientras que un gerente de esta área del negocio tendría acceso adicional a informes financieros y datos estratégicos. Implementar esta estrategia garantiza que los usuarios no tengan más acceso del necesario, reduciendo así el riesgo de exposición de datos confidenciales y la posibilidad de daños causados por errores o por causas malintencionadas.

En definitiva, el **objetivo de la estrategia de menor privilegio** consiste en limitar el acceso de los usuarios únicamente a los recursos y funciones necesarios para cumplir con sus responsabilidades, minimizando así el riesgo de accesos no autorizados o uso indebido de la información.

 NOTA

Esta estrategia no solo refuerza la seguridad de los sistemas al reducir el impacto de posibles errores humanos o ciberataques, sino que también facilita el cumplimiento normativo al garantizar que las prácticas de acceso estén alineadas con políticas y regulaciones específicas.

En este caso, los *hackers* no éticos tratan de identificar los usuarios de los sistemas de información que cuentan con mayor privilegio, de tal manera que si consiguen entrar en el sistema podrán apoderarse de él de una u otra forma, por lo que el sistema informático y de información podría sufrir el sabotaje no deseado.

Con idea de reducir un área de ataque, esta estrategia de menor privilegio propone las siguientes acciones:

- **Disminuir el privilegio de los usuarios:** controla los permisos de cada usuario, disminuye el privilegio de los usuarios del sistema hasta el máximo que le permita desarrollar su actividad cómodamente.
- **¡Ojo con las aplicaciones!:** no descargues aplicaciones superfluas que puedan ser el vehículo de entrada de ataques. Si no son necesarias, no tiene sentido tenerlas instaladas.
- **Sistemas actualizados:** mantén actualizados los sistemas informáticos; este gesto puede evitar las vulnerabilidades que presentan equipos desactualizados. Las actualizaciones suelen corregir fallos del sistema, normalmente aprovechados por los ciberatacantes.
- **Parches de seguridad:** los proveedores informáticos ponen a disposición de sus clientes medidas efectivas para reducir los ciberriesgos como son los parches de seguridad, pues estos corrigen las vulnerabilidades detectadas de programas informáticos y sistemas operativos.
- **¡Ojo con los USB, tarjetas SD, etc.!:** en ocasiones obviamos que el uso de estos dispositivos móviles puede ser riesgo de contagio, por lo que hay que poner el foco en ellos y establecer medidas de control.
- **Sitios web:** una medida de control es limitar las visitas a webs desconocidas, o bien a todas aquellas que no sean necesarias para el desarrollo de la actividad profesional.
- **Bloqueo de sitios de pago:** los sitios web de pago suelen ser lugares muy alternados por atacantes, estos ciberdelincuentes son conocedores de que estos sitios contienen información privilegiada. El objetivo es sustraer información crítica.
- **¡Ojo con conexiones de dispositivos ajenos!:** permitir el acceso a la red de internet corporativa de dispositivos ajenos a la empresa puede suponer también un riesgo para la misma. Establecer una política de control de acceso es una excelente solución.
- **Protege los datos:** cumplir la normativa evitará cometer fallos imperdonables que ponen en riesgo la reputación de la empresa.

IMPORTANTE

Es importante fomentar en la organización una cultura corporativa en ciberseguridad, a la vez que se proporciona una formación continua al personal en esta materia.

2.2. Defensa en profundidad

A la hora de elaborar una estrategia de seguridad se debe tener en cuenta el principio de que, todo sistema de seguridad informática puede corromperse en cualquier momento y lugar. Esto destaca la importancia de poner en marcha maniobras integrales dentro del marco de la **estrategia en defensa en profundidad.**

Esta estrategia pretende impedir que los *hackers* lleguen al núcleo del sistema, o bien, ralentizar este proceso con el fin de poder contar con más tiempo para impedir el ataque.

La estrategia de seguridad defensa en profundidad consiste en implementar múltiples capas de protección para salvaguardar los sistemas, datos y recursos de una organización. Este enfoque combina medidas preventivas, identificativas y reactivas distribuidas en diferentes niveles, como el físico, lógico y humano. Al utilizar varias barreras de seguridad, como firewalls, autenticación multifactor, segmentación de redes y capacitación del personal, se dificulta el avance de los atacantes y se minimizan los riesgos ante posibles vulnerabilidades.

Desde un enfoque global, los campos de acción de esta estrategia de seguridad son los siguientes:

- ➲ **Capas de seguridad múltiples:** aplica medidas en diferentes niveles (físico, lógico y humano) para dificultar los accesos no autorizados y proteger los activos críticos.
- ➲ **Diversidad de controles:** combina herramientas como *firewalls,* autenticación multifactor, antivirus y sistemas de detección de intrusos para abordar distintas amenazas.
- ➲ **Superposición de medidas:** cada capa debe reforzar a la anterior, asegurando que la falla de una no comprometa la seguridad completa.
- ➲ **Monitorización continua:** implementa sistemas de monitoreo que detecten y respondan a incidentes en tiempo real.

⊃ **Capacitación del personal:** asegúrate de que los empleados y colaboradores comprendan las políticas de seguridad y sepan cómo actuar ante amenazas.

IMPORTANTE

El objetivo de la estrategia de seguridad *Defensa en profundidad* es integrar medidas de protección en el sistema de información para colocar obstáculos que dificulten la materialización de ataques informáticos. Por ejemplo, si una empresa implementa un sistema de defensa en profundidad que incluye múltiples capas de seguridad, como *firewalls,* antivirus, sistemas de detección de intrusiones, autenticación de dos factores y cifrado de datos, se crea un sistema de defensa que hace dificulta la acción de los ciberatacantes que pretendan comprometer la seguridad de la red de la organización. Cada capa de seguridad actúa como una barrera adicional que los atacantes deben superar. Estas capas aumentan significativamente la complejidad de un ataque exitoso. Asimismo, si un atacante logra superar una capa de seguridad, todavía habrá otras capas que lo podrían inmovilizar o en su caso, mitigar el impacto del ataque. Esta estrategia ayuda a proteger la integridad, confidencialidad y disponibilidad de los datos que gestiona una organización.

APLICACIÓN PRÁCTICA

Una organización desea implementar la estrategia de *Defensa en Profundidad* para proteger sus sistemas y datos. Sin embargo, algunos departamentos internos consideran que con una sola capa de seguridad, como un *firewall,* sería suficiente para prevenir amenazas.

¿Qué enfoque garantizaría una implementación eficaz de la estrategia de *Defensa en Profundidad?*

Solución

La estrategia de *Defensa en profundidad* se basa en la implementación de varias capas de seguridad que trabajan de manera conjunta para dificultar los accesos no autorizados, detectar amenazas en tiempo real, y responder con rapidez ante incidentes.

2.3. Punto de choque

La **ciberdefensa** está orientada a reducir al máximo las probabilidades de ataque. Estos abordajes pueden venir a través de muchas vulnerabilidades del sistema. Cuanto más complejo sea este, más dificultoso será el control y más engorrosa su protección.

La estrategia de seguridad *Punto de choque* se centra en identificar y proteger los puntos más vulnerables o críticos de una red o sistema, donde es más probable que ocurran intentos de acceso no autorizado o ataques. Este enfoque, prioriza la implementación de medidas específicas, como *firewalls,* sistemas de detección de intrusos y controles de acceso, en estas áreas clave para minimizar los riesgos y reforzar la seguridad general.

 EJEMPLO

En un comercio *online,* la estrategia de seguridad *Punto de choque* podría implicar la implementación de una serie de medidas de seguridad en un punto crítico de la infraestructura, como por ejemplo el servidor de bases de datos que almacena la información de los clientes y las transacciones. Este punto de choque sería el principal objetivo de protección, ya que es donde residen los datos más sensibles y valiosos del negocio. Para proteger este punto de choque, se podrían implementar diversas medidas de seguridad, como *firewalls,* sistemas de detección de intrusiones, monitoreo de actividad sospechosa, cifrado de datos en reposo y en tránsito, y autenticación multifactorial para el acceso al servidor. Con todo y eso, se podría establecer una política de acceso estricta, limitando el número de usuarios con privilegios de administrador y asegurando que solo personal autorizado tenga acceso a los datos sensibles.

Esta estrategia es efectiva porque concentra los recursos de seguridad en un punto crítico de la infraestructura, facilitando su monitoreo y gestión. Al proteger adecuadamente este punto de choque, se reduce significativamente el riesgo de acceso no autorizado, robo de datos o interrupción del servicio, lo cual permite aumentar la seguridad y la continuidad del negocio en línea.

PARA SABER MÁS

Una de las herramientas más utilizadas en la estrategia *Punto de choque* es el **WAF** *(web application firewall),* que protege aplicaciones web al filtrar y monitorear el tráfico HTTP. Esta herramienta es fundamental para evitar ataques frecuentes como inyecciones SQL o *cross-site scripting* (XSS). Accede desde aquí al recurso y descubre más sobre cómo el WAF fortalece los puntos críticos de seguridad en tu organización.

https://redirectoronline.com/ifct1160401

2.4. El Eslabón más débil

Al igual que ocurre en el sistema inmunitario de las personas, los virus aprovechan momentos de debilidad y de baja defensa para actuar. De este modo, y en el marco de la seguridad informática, detectar los sitios de entrada más favorables para la infección del sistema es una medida útil de protección. No obstante, habrá que complementarla siempre con la evaluación continua y permanente de los puntos de entrada más susceptibles.

En esta ocasión la estrategia del *Eslabón más débil* considera que la vía más propicia de contagios en una organización son las propias **personas** que trabajan en ella. En este aspecto surge el concepto de **ingeniería social,** que puede hacer mucho daño en las organizaciones.

 **DEFINICIÓN**

Ingeniería social

Técnica de ataque que explota las debilidades humanas en lugar de vulnerabilidades técnicas. Los atacantes manipulan a las personas para obtener acceso a información sensible, sistemas o recursos restringidos, empleando tácticas como el *phishing*, pretextos o el *tailgating* (técnica de ingeniería social en la que un ciberatacante accede a áreas restringidas de una organización siguiendo a un empleado autorizado, aprovechando su confianza o descuido, como cuando alguien sostiene la puerta para que otro pase sin verificar su autorización). Es una amenaza crítica porque aprovecha la confianza y el desconocimiento de los usuarios, subrayando la importancia de la capacitación en ciberseguridad. Es considerada, en seguridad informática, como la técnica del engaño o el arte de atacar a las personas como el **eslabón más débil de la cadena de seguridad.**

La estrategia de Eslabón más débil se basa en identificar y fortalecer los puntos más vulnerables dentro de un sistema de seguridad, ya que un atacante suele enfocarse en ellos para comprometer la protección global. Estos puntos débiles suelen ser usuarios mal formados, configuraciones incorrectas o el uso de sistemas obsoletos. La clave de esta estrategia es garantizar que todos los componentes estén alineados y protegidos para evitar fallos en la cadena de seguridad.

- -

 ACTIVIDAD COMPLEMENTARIA

---

4. Visualiza el vídeo **Rubén Martí: "El eslabón más débil de la ciberseguridad son las personas"** (Martí, 2021), y analiza cómo las vulnerabilidades

Continúa en página siguiente >>

<< Viene de página anterior

humanas impactan en la seguridad de la información. Luego investiga y propón tres estrategias para reducir el riesgo asociado al factor humano en la ciberseguridad, considerando aspectos variados. Accede al vídeo desde aquí.

https://redirectoronline.com/ifct1160402

2.5. Postura de fallo seguro

¿Qué harías si sospecharas que un ladrón acecha en las inmediaciones de tu empresa? Probablemente, la primera medida que adoptarías sería bloquear los accesos de entrada, pero, ¿qué ocurriría si definitivamente compruebas que el ladrón ya está dentro?

La primera medida de la **estrategia de** *Postura de fallo seguro* es la de interrumpir el funcionamiento del sistema informático o **bloqueo informático.**

 **DEFINICIÓN**

Estrategia de *Postura de fallo seguro*
Es la maniobra por la cual, al detectar la intrusión de un ciberatacante, procede a dejar inoperativo el sistema con el fin de que el ciberdelincuente no materialice ninguna amenaza.

Con la postura de fallo seguro, el sistema informático objeto del ciberataque queda bloqueado al detectar la presencia de un intruso, impidiendo el acceso a los activos de información.

◎ **EJEMPLO**

En un comercio *online*, la estrategia de *Postura de fallo seguro* podría aplicarse mediante la implementación de medidas que limiten el impacto de posibles violaciones de seguridad o errores en la plataforma. Por ejemplo, se podría configurar la plataforma para que, en caso de detectar actividad sospechosa o intentos de acceso no autorizados, automáticamente bloquee el acceso o desactive ciertas funciones críticas para proteger los datos y la integridad del sistema. Igualmente, y como medida complementaria, se podrían establecer respaldos periódicos de los datos para asegurar que, en caso de un incidente de seguridad, sea posible restaurar la información con seguridad a un estado previo al intento de ataque.

Esta estrategia es efectiva porque minimiza el daño potencial que puede ocurrir como resultado de una violación de seguridad. Al limitar el impacto de posibles fallas o ataques, se reduce la probabilidad de que los datos de los clientes sean comprometidos o se interrumpan las operaciones del comercio *online*.

2.6. Postura de negación establecida: lo que no está prohibido

¿Qué implicaciones tiene este enfoque en la seguridad informática? Este enfoque es aplicable a todos los recursos de la empresa que puedan ser compartidos o utilizados por múltiples usuarios. Bajo esta estrategia, mientras no se indique explícitamente lo contrario, todo acceso no permitido estará automáticamente denegado.

La estrategia de *Postura de negación* es altamente práctica porque reduce la superficie de ataque al restringir el acceso a los recursos y funciones que podrían ser explotados de manera maliciosa. Al establecer una postura de negación por defecto, se asegura que únicamente los accesos y permisos necesarios para las operaciones comerciales sean habilitados. Esto no solo protege la integridad de los datos, sino que también previene posibles intrusiones al limitar las oportunidades para que los atacantes comprometan el sistema.

 DEFINICIÓN

Estrategia de *Postura de negación*

Se basa en el principio de que "todo lo que no está explícitamente permitido debe considerarse prohibido". Esta estrategia tiene como objetivo principal abordar y mitigar las vulnerabilidades que pueden surgir en un sistema informático debido a acciones no reguladas o permitidas explícitamente.

- -

Esta postura de seguridad es especialmente relevante cuando usuarios con privilegios realizan actividades que, aunque no están prohibidas, podrían generar brechas de seguridad aprovechadas por atacantes. Al aplicar esta estrategia, se establece un control estricto sobre qué acciones y accesos son permitidos dentro del sistema, minimizando así el margen de error humano o abuso de privilegios.

 EJEMPLO

En un comercio *online,* la estrategia de *Postura de negación establecida* podría implementarse permitiendo solo el acceso a los recursos y funciones esenciales para llevar a cabo las operaciones comerciales. Por ejemplo, se podrían establecer políticas de acceso que limiten el uso de ciertas características de la plataforma a roles específicos de usuarios, como administradores o personal autorizado. También, se podrían aplicar controles de acceso basados en el principio de "lo que no está prohibido está permitido", lo que significa que solo se permitiría el acceso a recursos específicos y funciones críticas que sean necesarios para realizar las actividades comerciales. Todo lo demás estaría bloqueado por defecto, a menos que se autorice explícitamente.

- -

En el ámbito de la ciberseguridad, la estrategia *Postura de negación* no se considera únicamente una técnica o herramienta, sino un principio fundamental de actuación que guía la configuración y gestión de sistemas seguros. Su implementación requiere una planificación detallada de políticas de acceso, roles y privilegios para garantizar que cualquier acción fuera de lo permitido sea automáticamente bloqueada.

2.7. Postura de permiso establecido: lo que no está permitido

De igual manera este otro enfoque **postura de permiso establecido: lo que no está permitido** es aplicable a todos aquellos recursos de la empresa que puedan ser compartidos. Bajo la premisa de esta estrategia, mientras no se indique explícitamente lo contrario, **todo acceso no permitido estará automáticamente denegado y no podrá ser compartido.**

Este enfoque garantiza que únicamente los permisos previamente autorizados sean utilizados, limitando así la posibilidad de accesos indebidos y minimizando los riesgos asociados al uso compartido de recursos.

 **EJEMPLO**

Una tienda *online* gestiona información sensible, como son los datos de clientes, los pedidos, el inventario y transacciones de pagos. Para proteger estos recursos, implementa la estrategia de *Postura de permiso establecido* bajo el principio de que "todo acceso no autorizado está denegado por defecto". Así:

1. Solo el personal de atención al cliente tiene acceso a los datos de contacto para resolver incidencias. Los empleados del área de logística no pueden acceder a esta información, ya que no es necesaria para sus funciones.
2. El personal del almacén tiene acceso únicamente a los módulos de la plataforma relacionados con el control de existencias. Estas personas no pueden modificar precios o consultar estadísticas de ventas, funciones reservadas al Departamento de Administración.
3. Los datos de tarjetas de crédito de los clientes están encriptados y accesibles únicamente para el sistema de pasarela de pago. Ningún empleado, sin importar su rol, tiene acceso directo a esta información.

Continúa en página siguiente >>

<< Viene de página anterior

En definitiva, esta postura minimiza el riesgo de accesos indebidos al restringir de forma estricta qué recursos están disponibles para cada empleado según sus funciones, fortaleciendo así la seguridad de la tienda online y protegiendo la información crítica.

Debido a las avanzadas capacidades y estrategias empleadas por los intrusos en la red, las personas expertas en seguridad informática consideran esta estrategia como la opción más eficaz y confiable para proteger los sistemas de información de una organización frente a posibles amenazas externas.

2.8. Participación universal

La **cultura de seguridad** dentro de una organización es, sin duda, la herramienta más poderosa para poder enfrentar con éxito los peligros de la ciberdelincuencia. Cada miembro de la empresa puede fácilmente representar una posible puerta de entrada o brecha de seguridad para ataques informáticos, pero también, puede convertirse en la primera línea de defensa si cuenta con la formación y una conciencia adecuada sobre los ciberriesgos.

Sin una base sólida de concienciación y capacitación en seguridad informática, el personal de una empresa no podrá identificar ni prevenir amenazas que emergen en el trabajo diario. Para abordar esta falta de conciencia, la estrategia de *Participación universal* plantea un enfoque en el que todos los integrantes de una organización asumen un papel activo en la protección de los sistemas y activos de información.

El objetivo de la estrategia de seguridad Participación universal es fomentar una conciencia colectiva de seguridad en toda la organización.

EJEMPLO

En una tienda *online,* la estrategia de *Participación universal* asegura que cada usuario, independientemente de su función o nivel de acceso, contribuya a la seguridad del sistema. Por ejemplo:

Personal de atención al cliente	Desarrolladores	Usuarios finales
Detectan y reportan actividades sospechosas en las cuentas de los clientes, como cambios inusuales en contraseñas	Implementan técnicas de codificación segura para evitar vulnerabilidades como inyecciones SQL	Son alentados a informar sobre intentos de acceso no autorizados o comportamientos anómalos al utilizar el sitio web

Al integrar a cada miembro de una organización en las prácticas de seguridad, esta estrategia fortalece la postura general de defensa, mejorando la capacidad de la empresa para enfrentarse y superar las amenazas cibernéticas.

Los beneficios de esta estrategia son los siguientes:

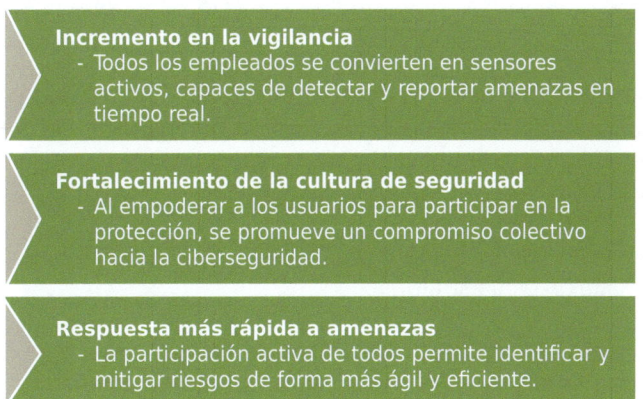

Incremento en la vigilancia
- Todos los empleados se convierten en sensores activos, capaces de detectar y reportar amenazas en tiempo real.

Fortalecimiento de la cultura de seguridad
- Al empoderar a los usuarios para participar en la protección, se promueve un compromiso colectivo hacia la ciberseguridad.

Respuesta más rápida a amenazas
- La participación activa de todos permite identificar y mitigar riesgos de forma más ágil y eficiente.

 **PARA SABER MÁS**

Puedes descargar el material interesante sobre ciberseguridad proporcionado por el Instituto Nacional de Ciberseguridad (INCIBE) a través del siguiente enlace. Este recurso incluye todas las herramientas y materiales necesarios para implementar un plan de concienciación de seguridad en tu empresa de manera efectiva. Accede desde aquí.

https://redirectoronline.com/ifct050po0404

2.9. Diversificación de la defensa

La estrategia de *Diversificación de la defensa* tiene como objetivo implementar múltiples soluciones de protección para fortalecer la seguridad. En lugar de depender de un único sistema, esta estrategia propone utilizar diferentes herramientas y tecnologías de seguridad, proporcionadas por distintos distribuidores, para cubrir posibles brechas y garantizar una defensa más robusta y variada frente a amenazas.

La diversidad de herramientas existentes en la actualidad permite, a través de la estrategia de diversificación de la defensa, dar cobertura a posibles vulnerabilidades, optimizar la protección y adaptarse mejor a las amenazas cambiantes.

A continuación, se presentan algunas herramientas útiles y su aplicación específica en esta estrategia:

- **Firewall de red (palo alto, cisco ASA):** controla y filtra el tráfico de red para prevenir accesos no autorizados y bloquear amenazas externas.
- **Antivirus *(Kaspersky, Bitdefender)*:** detecta y elimina *malware* conocido, protegiendo los sistemas contra *software* malicioso.

- **SIEM** *(Splunk, IBM QRadar):* monitorea, analiza y correlaciona eventos de seguridad en tiempo real para detectar amenazas avanzadas.
- **Endpoint Protection (CrowdStrike, SentinelOne):** protege dispositivos finales (PCs, *laptops*) contra *exploits, ransomware* y ataques basados en *scripts.*
- **Sistemas de detección de intrusos** *(Snort, Suricata):* identifica actividad sospechosa en la red, como intentos de intrusión o comportamientos anómalos.
- **Autenticación multifactor** *(Okta, Duo):* refuerza el control de acceso al requerir múltiples factores de autenticación, como contraseñas y biometría.
- **Herramientas de cifrado** *(VeraCrypt, AxCrypt):* protege la información mediante el cifrado, asegurando que los datos sensibles no puedan ser leídos sin autorización.
- **Backup y recuperación** *(Veeam, Acronis):* realiza copias de seguridad automáticas y permite la restauración rápida de datos tras un incidente.

 **CONSEJO**

Al utilizar soluciones de distintos proveedores, tu organización podrá reducir riesgos y responder de manera más efectiva ante amenazas potenciales.

2.10. Simplicidad

La estrategia de *Simplicidad* se basa en la premisa de que una infraestructura de seguridad informática demasiado compleja puede generar más oportunidades de errores que podrían ser explotados por ciberdelincuentes. Simplificar los sistemas no solo reduce vulnerabilidades, sino que también mejora la eficiencia y la adaptabilidad de la organización.

En el caso del almacenamiento de información, los sistemas tradicionales suelen implicar estructuras complejas y difíciles de gestionar. Esta estrategia propone una transición hacia soluciones más simples, como el uso de plataformas de almacenamiento en la nube con **tecnología *hash.*** Estas tecnologías aportan mayor agilidad, adaptabilidad y una organización más clara de los datos, facilitando su gestión y reduciendo riesgos.

El objetivo que persigue la estrategia de seguridad de Simplicidad es convertir la simplicidad en la mejor defensa contra las amenazas de seguridad.

 **DEFINICIÓN**

Tecnologías *hash*
Métodos criptográficos que convierten datos de entrada (como texto, archivos o contraseñas) en un valor único y fijo de longitud predeterminada, conocido *como hash.* Este valor actúa como una huella digital de los datos originales, permitiendo identificar y verificar la información con eficiencia sin necesidad de almacenar el contenido completo de la información.

 TAREA 4

La empresa OIKOS de servicios de asesoramiento financiero está introduciendo en su política de empresa la cultura *BYOD (bring your own device)* entre sus empleados. Esta filosofía se caracteriza por poner a disposición de los asesores una plataforma de información tecnológica que permite al empleado obtener información de la empresa mediante sus dispositivos móviles personales. Este plan permite a la compañía ahorrar en tecnología *hardware,* ya que estos dispositivos accederán a esta información mediante un *software* específico mucho más económico.

Este tipo de infraestructura, sin duda alguna, aporta grandes beneficios relacionados con la productividad. En este caso, y por cuestión económica, esta

Continúa en página siguiente >>

<< Viene de página anterior

empresa ha adoptado elegir implantar esta tecnología sin restricciones ni soporte de la organización. Esto puede derivar en ciertos riesgos en el plano de la seguridad.

En base a esto, deberás, identificar inventivas y técnicas de ataques derivadas de estas inclusiones, definir estrategias de medidas de seguridad informática y de la información para hacer de esta cultura algo más segura y reconocer la importancia de una cultura corporativa en cuestiones de seguridad informática.

3. Resumen

Para garantizar condiciones óptimas en los sistemas informáticos y el manejo de datos en las organizaciones, es fundamental implementar políticas de seguridad robustas. Estas políticas deben estar diseñadas teniendo en cuenta las posibles amenazas, métodos y vías de acceso que los atacantes informáticos podrían utilizar para comprometer los activos de la empresa.

El desarrollo de diferentes estrategias de seguridad responde a la necesidad de proteger los sistemas ante riesgos constantes, como sabotajes, espionaje corporativo y sustracción de información crítica.

Para lograr este objetivo y definir estrategias efectivas que permitan implementar medidas de seguridad informática adecuadas, es necesario:

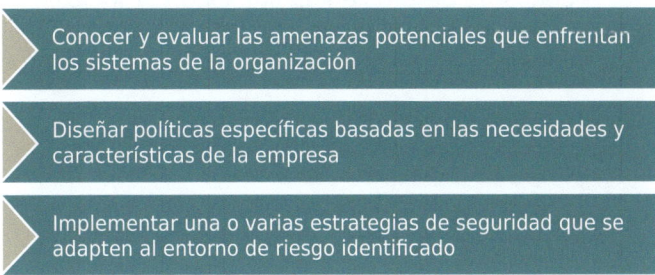

Conocer y evaluar las amenazas potenciales que enfrentan los sistemas de la organización

Diseñar políticas específicas basadas en las necesidades y características de la empresa

Implementar una o varias estrategias de seguridad que se adapten al entorno de riesgo identificado

Una política de seguridad eficaz debe incluir estrategias cuidadosamente diseñadas que protejan los sistemas informáticos y de información de los intrusos y garanticen la estabilidad operativa de la organización, minimizando los riesgos asociados a ciberataques y vulnerabilidades internas o externas.

Estrategias de seguridad
- Menor privilegio
- Defensa en profundidad
- Punto de choque
- El eslabón más débil
- Postura de fallo seguro
- Postura de negación establecida
- Postura de permiso establecido
- Participación universal
- Diversificación de la defensa
- Simplicidad

Conocer los fundamentos y estrategias de seguridad es clave para garantizar los activos de información en las organizaciones. Desde el diseño e implementación de políticas de seguridad, hasta la adopción de estrategias como la *Defensa en Profundidad* o la *Simplicidad,* permite destacar la importancia de otorgar un enfoque integral que combine tecnología, procedimientos y cultura organizacional a la hora de proteger estos activos y la actividad.

La seguridad de la información no es un estado estático, sino un proceso continuo que requiere actualización constante, monitoreo y participación activa de todos los miembros de la organización. Proteger los sistemas y los datos críticos no solo refuerza la estabilidad operativa, sino que también fortalece la confianza de los clientes, empleados y socios.

Sin duda, la ciberseguridad debe ser una responsabilidad compartida.

Ejercicios de autoevaluación
Unidad de Aprendizaje 4

1. **¿Cuál es el objetivo general de la estrategia de seguridad en una organización?**

   a. Reducir los costos operativos.
   b. Proteger los sistemas informáticos y la información crítica frente a amenazas.
   c. Incrementar la productividad a través de tecnología avanzada.
   d. Crear sistemas de acceso público.

2. **¿Qué principio sigue la estrategia de *Menor privilegio*?**

   a. Dar acceso completo a todos los usuarios.
   b. Asignar a los usuarios solo los permisos necesarios para cumplir con sus responsabilidades.
   c. Limitar el acceso únicamente a los gerentes.
   d. Permitir el acceso de todos los dispositivos externos.

3. **¿Qué enfoque utiliza la estrategia de *Defensa en profundidad*?**

   a. Proteger solo el núcleo del sistema.
   b. Implementar múltiples capas de protección en diferentes niveles.
   c. Confiar únicamente en el cifrado de datos.
   d. Reducir privilegios sin medidas adicionales.

4. **Según la estrategia de diversificación de la defensa, ¿qué elemento es fundamental?**

   a. Confiar en un único proveedor de seguridad.
   b. Limitar el uso de herramientas tecnológicas.
   c. Utilizar diferentes soluciones de seguridad de múltiples proveedores.
   d. Mantener sistemas separados sin interconexión.

5. ¿Qué técnica utiliza la estrategia del *Eslabón más débil* para explotar vulnerabilidades humanas?

    a. Criptografía avanzada.
    b. Actualización de sistemas obsoletos.
    c. Ingeniería social.
    d. Uso de *firewalls.*

6. ¿Cuál de las siguientes opciones es un ejemplo de medida preventiva en una estrategia de seguridad?

    a. Recuperar datos tras un ataque.
    b. Realizar simulaciones de ciberataques.
    c. Implementar autenticación multifactorial y políticas de contraseñas robustas.
    d. Desconectar temporalmente los sistemas.

7. ¿Qué herramienta protege aplicaciones web frente a ataques como inyecciones SQL o XSS?

    a. *Endpoint protection*
    b. *Web application firewall* (WAF)
    c. Sistema de detección de intrusos (IDS)
    d. Tecnología *hash*

8. ¿Cuál es el objetivo principal de la estrategia de *Simplicidad?*

    a. Reducir vulnerabilidades y errores al simplificar los sistemas.
    b. Implementar herramientas avanzadas en todas las áreas.
    c. Crear sistemas complejos que dificulten los ataques.
    d. Aumentar la cantidad de accesos disponibles.

9. ¿Qué define la estrategia de *Postura de negación?*

    a. Permitir acceso solo a ciertos datos críticos.
    b. Considerar que todo lo no permitido explícitamente debe estar bloqueado.
    c. Compartir recursos con todos los usuarios.
    d. Utilizar permisos establecidos por defecto.

10. ¿Cuál de las siguientes prácticas fomenta la estrategia de *Participación universal?*

    a. Confiar únicamente en sistemas automatizados.
    b. Restringir la capacitación a los administradores.
    c. Empoderar a todos los empleados para contribuir a la seguridad de la organización.
    d. Crear un sistema sin intervención humana.

Exploración de las redes

Contenido

Objetivos

El objetivo general de esta Unidad de Aprendizaje es:

→ Arrojar elementos que determinen la importancia de gestionar adecuadamente tanto los canales de transmisión de los activos de información, como las infraestructuras físicas y digitales que dan soporte a toda la operatividad de una empresa, con el fin de sentar unas bases de seguridad a fin de obtener criterios claros de las maniobras básicas como respuesta a las amenazas o imprevistos.

Los objetivos específicos de esta Unidad de Aprendizaje son:

→ Conocer el objetivo final de una auditoría red.

→ Identificar fases y acciones del inventario red.

→ Reconocer los recursos tecnológicos de auditoría red que evalúan la seguridad del sistema informático de la empresa.

1. Introducción

La cuarta revolución industrial ha cambiado profundamente el panorama empresarial, ofreciendo oportunidades inéditas para las organizaciones. Este contexto, marcado por la globalización, ha permitido a pequeñas y medianas empresas ampliar sus horizontes, superar fronteras y transformar modelos de negocio tradicionales en estructuras dinámicas y competitivas. Sin embargo, estas oportunidades no están exentas de desafíos, especialmente en un entorno donde las redes y la tecnología son el eje de las operaciones.

Internet, como motor de innovación, ha facilitado el acceso a recursos, conexiones globales y nuevas formas de interacción empresarial. A pesar de su impacto positivo, este recurso también introduce riesgos significativos que pueden comprometer la integridad de los procesos operativos. Para las empresas, proteger sus activos críticos de información se ha convertido en una prioridad estratégica, ya que la supervivencia en un entorno cada vez más digital e interconectado depende de su capacidad para identificar, gestionar y mitigar amenazas.

La creciente complejidad de las redes y los sistemas tecnológicos requiere la adopción de herramientas avanzadas que permitan explorar, controlar y optimizar las infraestructuras digitales. Soluciones como sensores inteligentes, sistemas de monitoreo continuo y estrategias de seguridad proactiva no solo facilitan la identificación de vulnerabilidades, sino que también garantizan un funcionamiento eficiente y seguro. Estas medidas no son opcionales, sino esenciales para competir en una economía donde la tecnología es un diferenciador clave.

En el marco de esta unidad, se explorará cómo las redes, como componente fundamental de la transformación digital, actúan tanto como facilitadoras de progreso como posibles fuentes de riesgo. Basándonos en el caso de Ana y su empresa, profundizaremos en las estrategias para identificar activos críticos, optimizar su gestión y garantizar la seguridad de los mismos frente a los desafíos tecnológicos actuales. Este análisis proporcionará una base sólida para comprender la importancia de la exploración de redes como una herramienta esencial en la protección y el fortalecimiento de los negocios en la era digital.

2. Exploración de la red

 ## HILO CONDUCTOR

Tras implementar estrategias de seguridad robustas, Ana comprendió que era fundamental tener una visión completa de la infraestructura de su empresa. Para ello, dirigió un proyecto de exploración de la red que identificó cada dispositivo conectado y mapeó las conexiones entre ellos. Esta exploración permitió a su equipo detectar configuraciones vulnerables y priorizar las áreas de mayor riesgo.

En el ámbito de la seguridad informática empresarial, resulta imposible ignorar la relevancia del **entorno de red.** La interconexión de ordenadores a través de canales de transmisión no solo permite el transporte de datos e información, sino que también proporciona acceso a un vasto ecosistema de servicios, recursos y aplicaciones. Este acceso, a su vez, crea oportunidades que las empresas aprovechan para aumentar su competitividad en una economía global cada vez más digitalizada.

En la era digital actual, un rasgo distintivo de las empresas es que sus activos críticos están en constante movimiento. Estos se transmiten y reciben a través de redes, optimizando los sistemas de producción y facilitando el intercambio de información esencial.

DEFINICIÓN

Entorno de red
El entorno de red se define como un espacio virtual que conecta equipos informáticos, permitiendo el intercambio de información y recursos de manera eficiente y segura.

En este contexto hay que subrayar la necesidad de implementar estrategias robustas de seguridad para proteger la información que fluye en un entorno empresarial tan dinámico.

A fin de establecer una primera y básica línea de diferenciación, a continuación, se muestran los medios o canales de transmisión de señales de datos que pueden ser de dos tipos:

Red alámbrica	Red inalámbrica

- Conocida también como *Ethernet,* hace referencia a una infraestructura guiada donde la transmisión y recepción de señales de información se realiza a través de un conductor físico, generalmente un cable. Esta tecnología confina la comunicación a un espacio definido por el alcance del cableado, lo que garantiza estabilidad y seguridad en la transferencia de datos.	- También llamada *wireless network,* se trata de una infraestructura no guiada que facilita la transmisión y recepción de señales de información sin necesidad de cableado. Este tipo de red ofrece mayor flexibilidad al permitir la conectividad en espacios más amplios y sin las limitaciones físicas de los cables.

Las redes inalámbricas han transformado la forma en que los dispositivos se conectan, eliminando las barreras físicas del cableado y permitiendo una mayor movilidad y flexibilidad. Según el área de influencia, estas redes se clasifican en diferentes categorías, cada una adaptada a necesidades específicas, desde conexiones personales hasta comunicaciones globales.

Las características principales de cada tipo de red inalámbrica y su aplicación en distintos contextos tecnológicos son las siguientes:

➲ **W-PAN:** las iniciales hacen referencia a ***wireless personal area network.*** Esta red inalámbrica está diseñada para conectar dispositivos en un rango muy corto, generalmente dentro de unos pocos metros. Se utiliza para dispositivos personales como auriculares *Bluetooth,* relojes inteligentes y otros dispositivos portátiles. Es ideal para aplicaciones que requieren comunicación cercana y de baja potencia.

- **W-LAN:** las iniciales hacen referencia a *wireless local area network.* Las redes WLAN, conocidas como redes de área local inalámbricas, cubren un espacio geográfico limitado, como un hogar, una oficina o un campus. Estas redes se basan en estándares como wifi, lo que permite la conexión de varios dispositivos a un punto de acceso común para compartir recursos y servicios.
- **W-MAN:** las iniciales hacen referencia a *wireless metropolitan area network.* Las redes W-MAN proporcionan conectividad inalámbrica en un área metropolitana más amplia, como una ciudad. Estas redes suelen utilizar tecnologías como WiMAX para ofrecer acceso a internet de banda ancha y conectar diversas ubicaciones en un rango urbano.
- **W-WAN:** las iniciales hacen referencia a *wireless wide area network.* Conocidas como redes de área amplia inalámbricas, las W-WAN abarcan grandes regiones geográficas, incluso a nivel mundial. Estas redes dependen de tecnologías como redes celulares (3G, 4G, 5G) y satélites para proporcionar conectividad a larga distancia, permitiendo la comunicación global.

 **NOTA**

Las redes inalámbricas evolucionan constantemente gracias a los avances tecnológicos, ofreciendo mayor alcance, velocidad y eficiencia energética. Esto ha ampliado su uso en aplicaciones como el Internet de las cosas y la conectividad global.

En el contexto actual, las empresas se enfrentan al desafío de elegir entre redes alámbricas e inalámbricas para garantizar la conectividad eficiente de sus operaciones. Ambas opciones ofrecen ventajas y desventajas que deben ser consideradas según las necesidades específicas del negocio.

Las razones que fundamentan la preferencia por las conexiones alámbricas o inalámbricas y su contribución a la seguridad y eficiencia operativa de una empresa son:

Conexiones alámbricas
- Las redes alámbricas, conocidas como *Ethernet*, son valoradas por su estabilidad y alta velocidad de transferencia de datos. Estas conexiones son ideales para entornos que demandan una transmisión constante y segura de información, como oficinas con grandes volúmenes de datos o sistemas críticos que no pueden permitirse interrupciones.

Conexiones inalámbricas
- Por otro lado, las redes inalámbricas, o *wireless networks*, han ganado popularidad debido a la flexibilidad que ofrecen. Permiten al personal conectarse desde cualquier lugar dentro de la empresa, fomentando la movilidad y una mayor integración de dispositivos móviles y IoT. Sin embargo, también presentan riesgos relacionados con la seguridad que deben ser gestionados cuidadosamente.

 SABÍAS QUE...

Muchas organizaciones optan por infraestructuras híbridas que combinan las ventajas de ambos tipos de redes, las alámbricas y las inalámbricas. Esta solución permite aprovechar la estabilidad del cableado en áreas críticas, al tiempo que fomenta la flexibilidad en espacios comunes. La tendencia actual impulsa el desarrollo de tecnologías que optimicen estas infraestructuras mixtas, minimizando los inconvenientes de cada tipo de red.

 APLICACIÓN PRÁCTICA

Manuel es un joven emprendedor que acaba de poner en marcha su idea de negocio. Trabaja como educador online, y mediante una plataforma de formación, consigue impartir cursos a distancia. Es tal la demanda de este tipo de formación, que decide montar un espacio físico con una infraestructura provista de equipos informáticos y varios formadores. Pretende dirigir una formación específica principalmente a personas con pocos recursos y sin ninguna competencia digital que quieran acceder a la formación online y puedan contar con un tutor presencial que les guíe. Uno de los reclamos de esta *startup,* es el objetivo que persigue.

Continúa en página siguiente >>

<< Viene de página anterior

Quiere reducir la fisura digital provocada por las nuevas tecnologías y de esta manera evitar que siga aumentando la brecha social.

Manuel tiene que elegir si cablear su negocio usando *Ethernet* o debería transferir su red a un servicio totalmente inalámbrico. ¿Sabrías identificar qué opción sería la más apropiada para este tipo de negocio?

Solución

El enfoque híbrido combina las ventajas de las redes alámbricas e inalámbricas, resultando una opción ideal para el negocio de Manuel. A continuación, se detallan las razones que sustentan esta elección:

- La conexión alámbrica es fundamental para las áreas críticas de la infraestructura, como los equipos utilizados por los formadores y los servidores que gestionan la plataforma de formación. Ofrece una mayor estabilidad, evita interferencias y garantiza una transmisión de datos rápida y segura.
- La red wifi facilita la movilidad y permite que los estudiantes y formadores utilicen dispositivos móviles o portátiles en diferentes áreas del espacio físico. Esto resulta especialmente útil para ofrecer acceso a internet a los estudiantes con menos recursos y mejorar su experiencia de aprendizaje.

Una red híbrida permite equilibrar el costo y el rendimiento, utilizando cableado únicamente donde sea estrictamente necesario, mientras que el resto del espacio puede beneficiarse de la flexibilidad de la conexión inalámbrica.

- -

3. Inventario de una red. Herramientas del reconocimiento

 **HILO CONDUCTOR**

Durante la exploración, Ana decidió crear un inventario detallado de los activos de la red. Usó herramientas de reconocimiento que clasificaban los dispositivos según su criticidad, detectaban sistemas desactualizados y generaban alertas automáticas ante cambios no autorizados. Este inventario fue clave para garantizar que todos los elementos de la infraestructura estuvieran identificados y monitoreados.

- -

La gestión eficiente de una red informática en una empresa depende en gran medida de un **inventario** detallado que permita monitorear, analizar y optimizar tanto los elementos físicos como digitales que la componen. Este inventario no solo facilita la organización, sino que también garantiza la seguridad y el buen funcionamiento de las operaciones empresariales en un entorno cada vez más digitalizado.

 **DEFINICIÓN**

Inventario
Lista detallada y organizada de bienes y elementos que forman parte del patrimonio de una organización. Tradicionalmente, esto incluía materias primas, productos en producción y existencias en almacén. Sin embargo, en la actualidad, la incorporación de elementos intangibles, como datos y *software*, ha ampliado el alcance del inventario, convirtiéndolo en una herramienta fundamental para las empresas modernas.

En el entorno empresarial actual, una correcta gestión del inventario red permite alinear los recursos físicos (ordenadores, servidores, etc.) y digitales (aplicaciones, *software*, etc.) para optimizar los procesos de producción y garantizar el cumplimiento de los objetivos estratégicos. Te mostramos cada uno de estos elementos a continuación:

Infraestructura: herramientas físicas y digitales	Inventario RED
- La operatividad de una empresa depende de un entramado de técnicas y tecnologías físicas *(hardware)* y digitales *(software)* que trabajan en conjunto. Cuanto más complejo sea este sistema, mayor será la necesidad de herramientas que faciliten su rastreo y optimización.	- Un inventario de red adecuado permite: - Mantener una infraestructura segura. - Minimizar riesgos asociados a sistemas desactualizados. - Garantizar que la inversión en tecnología sea aprovechada al máximo.

IMPORTANTE

Sin un inventario red efectivo, las empresas se exponen a riesgos como la pérdida de información, fallos en la operatividad y vulnerabilidades de seguridad.

- -

ACTIVIDAD COMPLEMENTARIA

5. Piensa sobre la evolución del Internet de las cosas hasta los tiempos actuales, para luego reflexionar sobre esta cuestión: ¿Qué riesgos pueden surgir en la empresa al integrar *software* en productos de uso habitual si no se dispone de un inventario de red?

Indica qué inconvenientes pueden surgir para una empresa, a raíz de incorporar *software* a productos tecnológicos si no dispone de un Inventario Red.

- -

4. NMAP y SCANLINE

HILO CONDUCTOR

Para profundizar en el análisis, Ana implementó el uso de herramientas como NMAP y SCANLINE. NMAP permitió identificar puertos abiertos, servicios expuestos y configuraciones inseguras, mientras que SCANLINE ofreció un análisis rápido de puertos críticos en la red. Con estas herramientas, el equipo de Ana pudo prevenir ataques potenciales y reforzar las políticas de seguridad existentes.

- -

El inventario de red se apoya en herramientas y técnicas avanzadas para garantizar un control efectivo de los activos de información. Estas herramientas son esenciales para que las organizaciones se puedan enfrentar a los retos de seguridad actuales para mantener la competitividad empresarial.

El inventario de red emplea herramientas tecnológicas avanzadas como **NMAP,** un mapeador de redes que permite, entre otras cuestiones:

➲ Detectar *hosts* conectados.
➲ Analizar puertos abiertos.
➲ Evaluar la seguridad del sistema.

```
# nmap -A -T4 scanme.nmap.org saladejuegos

Starting nmap ( https://nmap.org/ )
Interesting ports on scanme.nmap.org (205.217.153.62):
(The 1663 ports scanned but not shown below are in state: filtered)
PORT    STATE  SERVICE VERSION
22/tcp  open   ssh       OpenSSH 3.9p1 (protocol 1.99)
53/tcp  open   domain
70/tcp  closed gopher
80/tcp  open   http      Apache httpd 2.0.52 ((Fedora))
113/tcp closed auth
Device type: general purpose
Running: Linux 2.4.X|2.5.X|2.6.X
OS details: Linux 2.4.7 - 2.6.11, Linux 2.6.0 - 2.6.11
Uptime 33.908 days (since Thu Jul 21 03:38:03 2005)

Interesting ports on saladejuegos.nmap.org (192.168.0.40):
(The 1659 ports scanned but not shown below are in state: closed)
PORT    STATE SERVICE      VERSION
135/tcp  open  msrpc        Microsoft Windows RPC
139/tcp  open  netbios-ssn
389/tcp  open  ldap?
445/tcp  open  microsoft-ds Microsoft Windows XP microsoft-ds
1002/tcp open  windows-icfw?
1025/tcp open  msrpc        Microsoft Windows RPC
1720/tcp open  H.323/Q.931  CompTek AquaGateKeeper
5800/tcp open  vnc-http     RealVNC 4.0 (Resolution 400x250; VNC TCP port: 5900)
5900/tcp open  vnc          VNC (protocol 3.8)
MAC Address: 00:A0:CC:63:85:4B (Lite-on Communications)
Device type: general purpose
Running: Microsoft Windows NT/2K/XP
OS details: Microsoft Windows XP Pro RC1+ through final release
Service Info: OSs: Windows, Windows XP

Nmap finished: 2 IP addresses (2 hosts up) scanned in 88.392 seconds
```

Ejemplo de escaneo de puertos con herramienta NMAP.
Fuente: https://nmap.org/man/es/index.html#man-description

NMAP es una herramienta de código abierto muy reconocida para la exploración de redes y auditoría de seguridad informática. Diseñada originalmente para descubrir *hosts* y servicios en una red informática, su funcionalidad se ha ampliado significativamente con el tiempo, convirtiéndose en una herramienta indispensable para administradores de sistemas y profesionales de la seguridad.

Las características de esta herramienta y sus aplicaciones para fortalecer la seguridad de tu red empresarial son:

Flexibilidad	- Admite diferentes técnicas de exploración.
Potencia	- Escanea millones de equipos.
Gratuidad	- Es *software* libre, accesible para cualquier empresa.
Guiado	- Cuenta con manuales operativos y una comunidad activa.
Multiplataforma	- Compatible con diversos sistemas operativos.

NOTA

Controlar elementos *software* y *hardware,* así como aspectos de red de diferente composición tendría un coste muy elevado y una gran complejidad, si no se dispusiera de herramientas de inventario red.

SCANLINE es una herramienta mucho menos popular que NMAP, pero destacada por su **rapidez en el análisis de puertos,** lo que la hace una opción eficaz para auditorías rápidas de sistemas.

Sin embargo, el término scanline hace referencia a una técnica muy utilizada en el *hacking* ético, conocida como **escaneo de puertos,** que cumple un papel esencial en la evaluación de seguridad:

- Detección de posibles intrusiones al analizar los puertos abiertos de un sistema.
- Identificación de la configuración y efectividad de cortafuegos instalados en el sistema.
- Descubrimiento de los puntos débiles que podrían ser aprovechados por atacantes.

Aunque el escaneo de puertos es una técnica vital en el *hacking* ético, también es utilizada por la ciberdelincuencia para detectar vulnerabilidades y explotar sistemas operativos. Esto resalta la importancia de emplear herramientas como NMAP de manera ética y responsable.

 PARA SABER MÁS

Puedes disponer aquí de información específica sobre esta reconocida herramienta de código abierto para exploración de red y auditoría de seguridad muy útil para el inventariado red. Accede desde aquí.

https://redirectoronline.com/ifct1160501

5. Reconocimiento. Limitar y explorar

 HILO CONDUCTOR

Ana sabía que los atacantes suelen aprovechar los mismos métodos que los administradores para encontrar vulnerabilidades. Por ello, instruyó a su equipo para realizar pruebas de escaneo similares a las que utilizarían los *hackers*. Esto incluyó la identificación de puertos abiertos, análisis de *firewalls* y simulaciones de ataques, lo que permitió fortalecer aún más la seguridad de la empresa.

Para garantizar una protección efectiva en las redes y sistemas de una empresa, es fundamental comprender las etapas que conforman un ataque cibernético. Estas fases no solo permiten identificar vulnerabilidades, sino también tomar medidas proactivas para prevenir posibles daños.

Las cinco fases del protocolo de reconocimiento esenciales para mitigar riesgos y fortalecer la seguridad de tu sistema son:

Fase 1- Reconocimiento

- Esta etapa inicial implica la recopilación preliminar de información sobre la red o sistema objetivo. Es el punto de partida para planificar un ataque o una auditoría de seguridad.

Fase 2- Escaneo

- En esta fase, se utilizan herramientas para identificar puntos débiles, como puertos abiertos o configuraciones incorrectas, que podrían facilitar una intrusión.

Fase 3- Acceso

- Aquí se lleva a cabo la penetración en el sistema informático, explotando las vulnerabilidades identificadas en las etapas anteriores.

Fase 4- Mantenimiento del acceso

- Una vez dentro, el objetivo es permanecer en el sistema sin ser detectado, lo que permite seguir recopilando datos o desplegando otras acciones maliciosas.

Fase 5- Eliminación de evidencias

- La fase final se centra en ocultar todos los rastros del ataque, dificultando la detección y rastreo de la actividad ilícita.

 **CONSEJO**

Realizar un test de intrusión siguiendo estas fases permite a las empresas identificar vulnerabilidades y tomar medidas proactivas.

6. Reconocimiento. Exploración

El equipo de Ana realizó un análisis profundo de cada componente de la red, desde la información pública de la empresa hasta las configuraciones internas de los sistemas. Se examinaron aplicaciones, sistemas operativos y dispositivos para garantizar que no existieran puntos débiles explotables. Esta exploración detallada les permitió anticiparse a posibles amenazas.

Durante la exploración de un sistema, se llevan a cabo las siguientes acciones para identificar y analizar elementos críticos de la red:

- **Estudio de la información pública:** este análisis se centra en datos accesibles al público, como registros de dominio, servicios expuestos y configuraciones básicas de la red. Es el primer paso para entender el alcance de un posible ataque. El éxito del ataque vendrá medido en gran parte por la capacidad de obtener la mayor cantidad de información. La dirección de la ofensiva es de fuera hacia dentro, por lo que los *hackers* comenzarán analizando toda aquella información de la empresa que es pública y accesible para todos.

- **Estudio de la red:** aquí se recopila información sobre los componentes de *hardware* y *software* conectados. Esto incluye la identificación de dispositivos, servidores, aplicaciones y su estado actual. En esta ocasión, la información que se pretende conseguir es toda aquella relacionada con los equipos *(hardware)* y los programas *(software)*. Es la fase del estudio en donde se procederá a enumerar todos los componentes del sistema. Este estudio se realizará siguiendo los siguientes pasos:

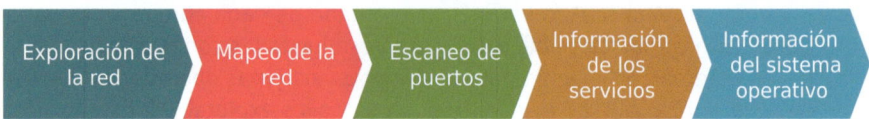

➲ **Estudio del sistema:** utilizando técnicas manuales y automáticas, se evalúan las vulnerabilidades del sistema. Esto ayuda a descartar falsos positivos y a identificar puntos de acceso reales. Cuando se trata de identificar las vulnerabilidades de un sistema, los mecanismos utilizados son tanto manuales como automáticos. Esta combinación ayuda a identificar aquellas ventanas abiertas a ataques, detectadas de forma automática que tras su análisis manual pueden ser descartadas por tratarse de falsos positivos. Para ello se analizan:

➲ **Estudio de aplicaciones:** en esta etapa, se analizan aplicaciones accesibles al público para detectar posibles fallos de seguridad. Se evalúan configuraciones, autenticaciones y métodos de comunicación. Este análisis de aplicaciones es realizado sin privilegio alguno. Esto significa que se ponen a prueba todas aquellas aplicaciones publicadas, tratando de atacarlas desde la fuente de internet. De alguna manera este análisis persigue poner en evidencia la posibilidad de intrusión en aquellos programas auditados y accesibles para todos.

Para comprometer la seguridad de las aplicaciones la forma de proceder sería la siguiente:

- Identificación del número de aplicaciones
- Examen de las configuraciones
- Examen de sistemas de identificación
- Examen del diseño de autorización
- Estudio de gestión de consultas
- Estudio de elementos de validación de datos

⊃ **Estudio del sistema de seguridad:** se analizan las herramientas y recursos que configuran la seguridad de la red, como *firewalls*, sistemas de detección de intrusos y políticas de acceso. A esta acción le corresponderá analizar los recursos y herramientas que configuran el sistema de seguridad de la empresa. La pretensión es encontrar fallos en la configuración o identificar programas no actualizados, esta manera facilitaría la intrusión. Para ello, se analiza a detalle mediante el monitoreo de cada uno de los siguientes recursos de seguridad:

- *Firewalls*
- Web de aplicación *firewalls*
- Sistemas de prevención y detección de intrusos
- Antivirus

7. Reconocimiento. Enumerar

 HILO CONDUCTOR

Finalmente, Ana implementó un sistema de enumeración que organizaba y documentaba todos los elementos de la red, desde servidores hasta estaciones de trabajo. Esto implicó la creación de un mapa visual de la red que facilitó la identificación rápida de anomalías. Con esta información, Ana pudo tomar buenas decisiones para mejorar continuamente la seguridad de su empresa.

La enumeración es un paso inicial fundamental en cualquier auditoría de seguridad. En esta etapa, se identifican los elementos esenciales de la red.

Los elementos clave de la enumeración para entender cómo esta etapa fortalece la gestión y protección de la red son los siguientes:

Las redes
- Se analiza si son alámbricas o inalámbricas y sus características específicas.

El mapa de la red de ordenadores
- Una representación gráfica que detalla la disposición de los dispositivos conectados, incluyendo servidores, terminales y dispositivos de comunicación.

El sistema de comunicación
- Identifica los protocolos y reglas que rigen la transmisión de datos en la red.

La enumeración exhaustiva de recursos es fundamental para garantizar un análisis completo y evitar omisiones que puedan comprometer la seguridad del sistema.

En el siguiente ejemplo puedes ver un mapa red y los diferentes tipos de topología:

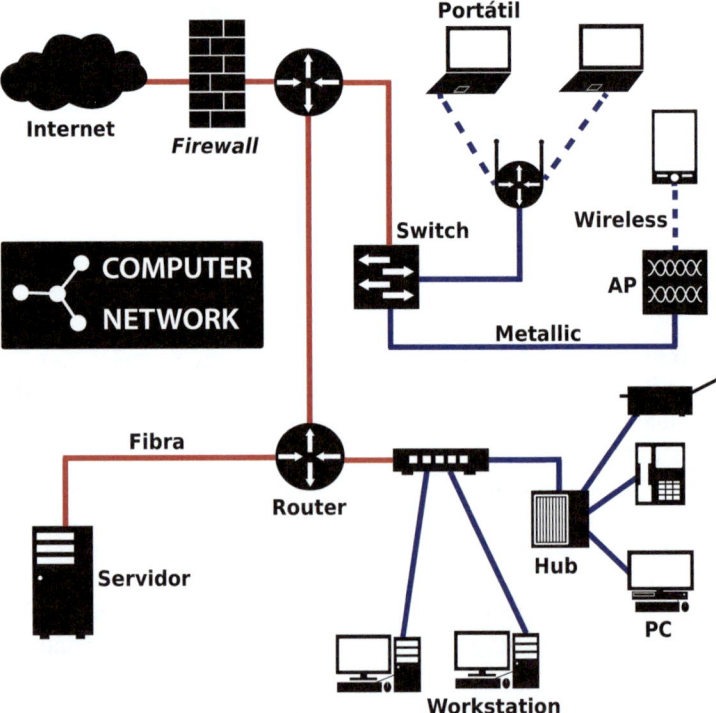

Redes, topografías y protocolo de comunicación

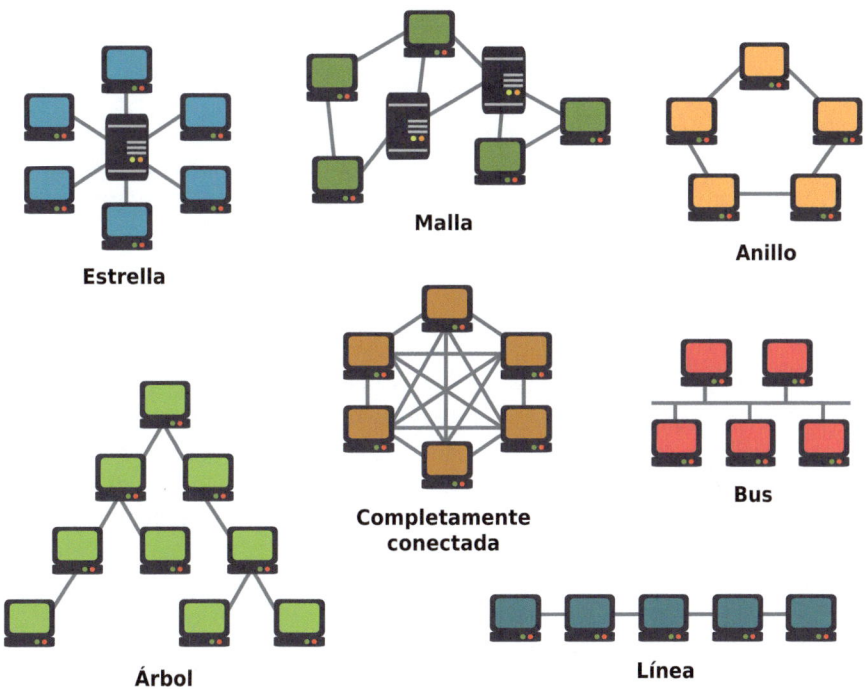

Tipos de topologías

🎥 VÍDEO

En el siguiente tutorial se explica detalladamente cómo utilizar la herramienta NMAP para analizar puertos y detectar vulnerabilidades durante una auditoría de red. Este recurso proporciona una guía clara sobre las funcionalidades de NMAP y su aplicación en la evaluación de la seguridad. Accede desde aquí.

https://redirectoronline.com/ifct1160502

TAREA 5

El despacho de abogados de Sra. García, ofrece a sus clientes asesoramiento y gestión *online.* Su línea de negocio innovadora hace imprescindible una adecuada administración digital del mismo. Hasta la fecha todo ha ido desarrollándose con total normalidad, pero el incremento del trabajo y la apertura de nuevas líneas de colaboración con otros abogados del país obligan, a la abogada aumentar las medidas de control de sus activos.

Para garantizar a sus clientes una adecuada privacidad de datos y seguir ofreciendo agilidad en los expedientes, ha decidido encomendar los servicios externos de una auditoría red. Tras la realización de multitud de pruebas y alguna que otra reunión con la interesada, acaba de recibir un informe extenso, pero ella se centra en un apartado de conclusiones que expone lo siguiente:

Recomendaciones:

Servicios de Red inseguros I Falta de servicios de verificación I Falta de seguridad en la comunicación con la nube I Interfaz insegura I Falta de configuración de seguridad I Programas inseguros I Seguridad física deficiente

En base a esto, deberás:

Conocer el objetivo final de la auditoría, identificar las fases y las acciones del inventario red realizadas y reconocer los recursos tecnológicos de auditoría red que evalúan íntegramente la seguridad del sistema informático de la empresa.

----

8. Resumen

Mantener un sistema de seguridad informático en la empresa actualizado y eficaz, dependerá en gran medida del control y la buena gestión que se haga de todos los elementos integrantes físicos o virtuales para llevar a cabo la actividad diaria en la empresa.

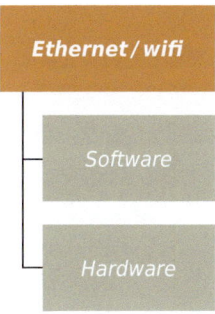

Mediante el **inventario red,** una empresa tendrá el control del buen funcionamiento de cada uno de los elementos que intervienen en un entorno red.

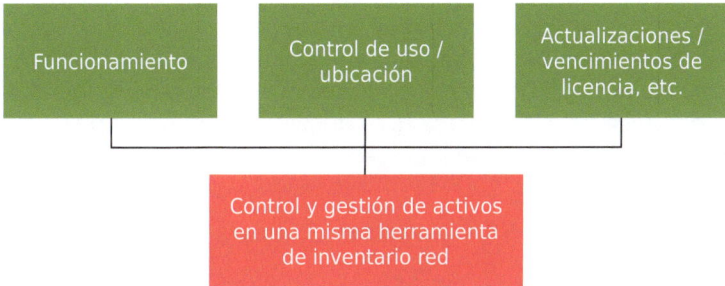

No obstante, y aunque la gran mayoría de los procesos de las herramientas de inventario y auditoría red son automáticos, influirá positivamente el disponer de un grado de conocimiento previo en técnicas de *hacking,* similares a las utilizadas en las auditorías de seguridad. Este conocimiento y comprensión de los protocolos seguidos por los atacantes, permitirá a los responsables de la empresa, tomar decisiones estratégicas en cuestiones de seguridad y establecer prioridades.

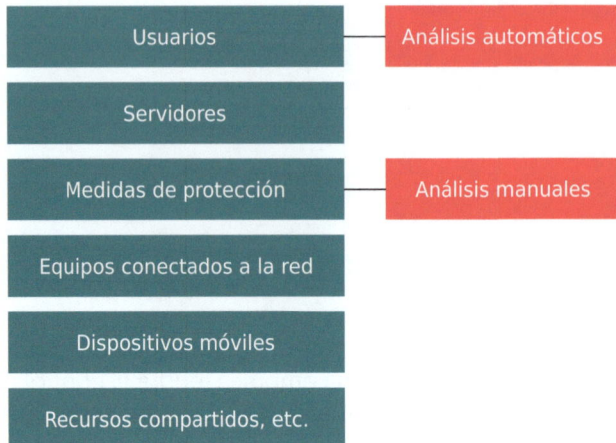

Para gestionar adecuadamente todos estos elementos cada uno de ellos con características y peculiaridades diferentes, existen herramientas de auditoría red que unifican y gestionan todos los parámetros anteriores, encargándose de la exploración, evaluación y valoración de la seguridad del sistema informático de la empresa.

Tras un minucioso análisis de la información pública de la empresa, la red, el sistema operativo, las aplicaciones y el sistema de seguridad en su conjunto, se obtendrán resultados que revelarán las vulnerabilidades identificadas. Estos resultados permitirán implementar soluciones adecuadas para mantener la operatividad normal de la organización y minimizar, en la medida de lo posible, el riesgo de daños irreparables.

Ejercicios de autoevaluación
Unidad de Aprendizaje 5

1. ¿Cuál es el objetivo general de la gestión de seguridad en redes empresariales?

    a. Maximizar la velocidad de transmisión.
    b. Reducir el uso de *hardware* en la red.
    c. Establecer bases de seguridad para gestionar amenazas e imprevistos.
    d. Identificar canales de transmisión y proteger los activos de información.

2. ¿Qué es el entorno de red?

    a. Un espacio físico para guardar información.
    b. Un espacio virtual para conectar equipos informáticos de manera eficiente y segura.
    c. Un espacio virtual donde se intercambia información y recursos.
    d. Un sistema exclusivo de redes inalámbricas.

3. ¿Qué caracteriza una red alámbrica?

    a. Usa señales no guiadas.
    b. Requiere un cable físico para transmitir señales.
    c. Está basada únicamente en wifi.
    d. Depende de servidores externos.

4. ¿Qué ventaja ofrece una red inalámbrica?

    a. Mayor seguridad que una red alámbrica.
    b. Alta estabilidad en la transferencia de datos.
    c. Conectividad sin limitaciones físicas.
    d. Menor riesgo de intrusiones.

5. ¿Qué tipo de red inalámbrica cubre áreas metropolitanas?

    a. W-MAN
    b. W-LAN

    c. W-PAN

    d. W-WAN

6. ¿Qué herramienta permite analizar puertos abiertos y evaluar la seguridad de un sistema?

    a. Wireshark

    b. SCANLINE

    c. SolarWinds

    d. NMAP

7. ¿Qué fase en un ataque cibernético implica permanecer en el sistema sin ser detectado?

    a. Escaneo

    b. Mantenimiento del acceso

    c. Eliminación de evidencias

    d. Reconocimiento

8. ¿Qué paso inicial es fundamental para identificar elementos esenciales de una red?

    a. Escaneo

    b. Enumeración

    c. Mantenimiento del acceso

    d. Estudio de aplicaciones

9. ¿Qué ventaja ofrece un enfoque híbrido de red?

    a. Reduce el costo de infraestructura.

    b. Combina la estabilidad del cableado con la flexibilidad inalámbrica.

    c. Evita la necesidad de implementar herramientas de auditoría.

    d. Aumenta la velocidad de ambas redes simultáneamente.

10. ¿Qué característica tiene NMAP que lo hace destacar como herramienta de ciberseguridad?

    a. Es *software* libre y accesible para cualquier empresa.
    b. Solo es compatible con sistemas *Windows.*
    c. Permite configuraciones exclusivas en cortafuegos.
    d. Limita el análisis a redes locales.

Clasificación de ataques remotos y locales

Contenido

Objetivos

El objetivo general de esta Unidad de Aprendizaje es:

→ Abordar los elementos relativos a ataques informáticos remotos y locales, su clasificación y tipología, con el fin de definir las maniobras oportunas para que las organizaciones puedan gestionar adecuadamente la seguridad de sus activos.

Los objetivos específicos de esta Unidad de Aprendizaje son:

→ Categorizar los ataques al sistema informático.

→ Resumir problemáticas de ataques informáticos remotos y locales.

→ Presentar los problemas de seguridad en el sistema operativo Unix.

→ Definir contramedidas efectivas frente a un ataque.

1. Introducción

Identificar y clasificar ataques informáticos es esencial para enfrentar las crecientes vulnerabilidades que afectan a las empresas actuales. La complejidad tecnológica y las demandas globales exigen un enfoque proactivo en seguridad, superando medidas básicas y estudiando las sofisticadas técnicas de ataque. No se trata de convertir a las empresas en expertas en ciberseguridad, sino de proporcionarles información clara para tomar decisiones informadas y adaptar estrategias que protejan eficazmente sus sistemas operativos y procesos clave.

Para el desarrollo del contenido, exploraremos los conceptos clave de los ataques remotos y locales, sus técnicas más comunes, y las mejores prácticas para prevenir y mitigar sus efectos. A través de casos prácticos y ejemplos aplicados, profundizaremos en las estrategias que permiten a las empresas como la de Ana mantenerse seguras en un entorno digital cada vez más complejo y desafiante.

2. Clasificación de los ataques

👉 HILO CONDUCTOR

Tras implementar medidas avanzadas de seguridad en su empresa, Ana y su equipo decidieron profundizar en el estudio de los diferentes tipos de ataques cibernéticos para anticiparse a posibles incidentes. Clasificaron las amenazas en ataques remotos, locales y aquellos dirigidos a servicios inseguros, reconociendo que cada uno requería estrategias de defensa específicas. Esta clasificación permitió a la empresa priorizar sus esfuerzos en áreas críticas y fortalecer sus protocolos de respuesta ante incidentes.

En el ámbito de la seguridad informática, los ataques se pueden clasificar principalmente en dos categorías según el origen y el método utilizado: **ataques locales** y **ataques remotos.** Cada uno de estos tipos de ataque representa un enfoque diferente para comprometer la seguridad de un sistema de información. Entender todo esto es esencial para implementar estrategias efectivas de protección.

En base a esta observación, los ataques pueden diferenciarse de la siguiente manera:

◐ **No necesitan conexión:** estos ataques son realizados directamente por personas y su principal característica es que no necesitan conexión a una red para poder aplicar la técnica de ataque. En la comunidad de tecnología RedUsers, y en una de sus muchas publicaciones, hacen referencia a algunas de las técnicas de ataque locales más conocidas:

○ *Ciber-Baiting:* esta técnica también denominada como **cepo,** hace un seguimiento de la víctima, conoce sus movimientos siendo la forma de proceder muy sencilla. Para ello el atacante deja un pendrive olvidado en un lugar asiduo de paso de la misma, o bien en el escritorio, en dicho dispositivo está instalado un *software* peligroso, la curiosidad de la víctima hará el resto del trabajo.

○ *Shoulder Surfing:* tal y como su transcripción expresa, la fórmula de esta técnica es sencilla "Mirar por encima del hombro". Espía a la víctima con el fin de conseguir información como pin de tarjetas bancarias, contraseñas etc.

○ **Falla seguridad física:** esta técnica permite la accesibilidad de los atacantes a lugares o espacios físicos de las empresas que requieren de autorización previa por personal específicamente ubicado en zonas de control (seguridad privada, etc.) y que, sin embargo, por rutina laboral no exigen la identificación del visitante vulnerando la accesibilidad.

○ *Dumpster Diving*: esta técnica utilizada por los atacantes, permite obtener información confidencial como anotaciones de claves, pin, contraseñas etc. localizadas en la basura ¡Cuidado con lo que apuntas y dónde lo tiras!

○ **Distracción:** la distracción puede ser casual pero también provocada. Hay expertos atacantes que utilizan esta técnica para apropiarse de información privilegiada y como no también de fotos de la pantalla o cualquier documento que dispongas en tu escritorio.

○ *Tailgaiting:* esta técnica utilizada por los atacantes, aprovecha el compañerismo y la benevolencia de la víctima (normalmente compañero/a de trabajo) para apropiarse de claves de acceso a lugares físicos o digitales, con la excusa de haber olvidado o extraviado la propia.

○ *Pretexting:* el pretexto es el indicador clave del atacante que usa para apropiarse del equipo informático de la víctima, normalmente suplantando a un técnico informático y alertando de la necesidad de reponer el equipo de un daño que realmente no presenta.

◗ **Requieren conexión:** por otra parte, los ataques remotos son aquellos que para poder ser ejecutados, requieren de la conexión a internet o bien algún canal de telecomunicaciones. Entre las técnicas de ataques más conocidas están:

  ◔ **Redes sociales:** extorsión a través de las redes sociales, donde los atacantes manipulan a las víctimas para que compartan información sensible o realicen pagos bajo amenazas.
  ◔ *Hacking* **telefónico:** suplantación de identidad mediante llamadas telefónicas, en las que los atacantes simulan ser representantes de empresas confiables para engañar a las víctimas y obtener datos confidenciales.
  ◔ *Phishing:* ataques realizados a través de correos electrónicos fraudulentos que contienen enlaces o archivos contaminados. Al interactuar con estos elementos, los atacantes pueden obtener acceso al control del equipo de la víctima o robar información sensible.
  ◔ *Ransomware:* un tipo de *malware* que se infiltra en los sistemas a través de correos electrónicos, descargas maliciosas o vulnerabilidades en la red. Una vez dentro, cifra los archivos del sistema y exige un rescate económico para devolver el acceso. Este método ha ganado notoriedad por su capacidad de paralizar operaciones enteras, afectando tanto a empresas como a usuarios individuales.

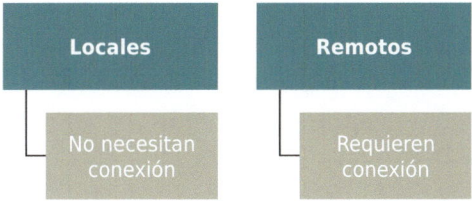

 **IMPORTANTE**

Distinguir entre ataques locales y remotos es clave para implementar medidas específicas: los locales se controlan con accesos restringidos y privilegios mínimos, mientras que los remotos exigen gestión de servicios, actualizaciones y sistemas de detección. Una estrategia integral debe abordar ambos para garantizar la seguridad total.

Continúa en página siguiente >>

<< Viene de página anterior

Diferencias clave entre ataques locales y remotos

Aspecto	Ataques locales	Ataques remotos
Origen	Acceso físico o lógico directo al sistema.	Interacción a través de redes, sin acceso físico.
Requisito inicial	Presencia del atacante en el entorno interno.	Conexión externa desde una ubicación remota.
Objetivo común	Escalar privilegios, manipular configuraciones locales.	Comprometer servicios o sistemas expuestos en la red.
Herramientas comunes	Comandos internos del sistema, herramientas locales.	*Scripts* maliciosos, *exploits*, herramientas de escaneo.

 **RECUERDA**

La ingeniería social es considerada en seguridad informática como la técnica del engaño o el arte de atacar a las personas como el eslabón más débil de la cadena de seguridad. Es la práctica o técnica mediante la cual es posible apropiarse de información confidencial manipulando los accesos de usuarios autorizados.

 ACTIVIDAD COMPLEMENTARIA

6. Presta atención al siguiente vídeo, en él se explica lo sencillo que resulta vulnerar al eslabón más débil de la cadena de seguridad informática y de la información.

https://redirectoronline.com/ifct1160600

Continúa en página siguiente >>

<< Viene de página anterior

Tras su visionado, reflexiona y responde a la siguiente pregunta: ¿Crees que el personal de las empresas de hoy en día tiene suficiente grado de conciencia para no ser víctima y canal de ataques como estos?

Ya hemos conocido una primera clasificación de ataques informáticos, pero, a modo preventivo no está nada mal tener en cuenta que para proteger un sistema, red o una estructura empresarial, la protección tendrá que estar bien definida desde el elemento más básico que encontramos. El ordenador es el nodo elemental de cualquier red de equipos informáticos y la infraestructura será tan segura como lo sea este primer elemento.

Siguiendo este consejo, es importante tener bien definido un protocolo de seguridad en la estación de trabajo más básica, de tal manera que, esta fórmula sea replicada a todos los elementos restantes:

Análisis de seguridad de una estación de trabajo

1- Arranque
- ¿Puede un usuario no autorizado acceder a la estación de trabajo sin necesidad de contraseña?

2- Contraseñas
- ¿La cuenta de usuario es suficientemente segura?

3- Adaptación de ofertas
- ¿Quién tiene acceso a la máquina y qué permisos y privilegios tiene?

4- Redes
- ¿Qué servicios de red reconoce el quipo y cuál debe ejecutarse?

5- Cortafuegos
- ¿Qué cortafuegos está disponible y por qué?

6- Comunicación
- ¿Cómo se comunican las diferentes estaciones de trabajo y qué herramientas requiere?

En función del propósito perseguido por los atacantes, los ciberataques se pueden clasificar en dos grandes categorías: **ataques pasivos** y **ataques activos.** Cada uno de ellos presenta características y objetivos específicos que afectan diferentes principios de la seguridad de la información. Veamos cuáles son:

- **Ataques pasivos:** estos ataques tienen como objetivo principal acceder a la información sin alterar el sistema. Su finalidad es obtener datos de manera encubierta, comprometiendo la **confidencialidad** de la información.
  Entre las acciones comunes de los ataques pasivos se encuentran:

  - **Intercepción de datos:** capturar información durante su transmisión sin que el emisor o receptor sean conscientes de ello.
  - **Monitoreo del sistema:** supervisar el tráfico de red para recopilar datos sensibles sin interrumpir el funcionamiento del sistema.

  Estos ataques no alteran el contenido ni el funcionamiento del sistema, pero pueden ocasionar graves brechas de seguridad al exponer información no autorizada.
- **Ataques activos:** a diferencia de los ataques pasivos, los ataques activos buscan acceder a la información con el propósito de modificarla, falsificarla o introducir elementos maliciosos en el sistema. Estos ataques comprometen la **integridad** de los datos y pueden incluir acciones como:

  - **Alteración de archivos:** modificar información crítica para manipular procesos o resultados.
  - **Inyección de *malware:*** insertar código malicioso en el sistema con el objetivo de comprometer su funcionamiento o falsificar datos.

  Los ataques activos son más detectables debido a los cambios que generan en el sistema, pero también tienen un impacto más directo en su operatividad y confiabilidad.

 APLICACIÓN PRÁCTICA

Pepa trabaja en una empresa de seguridad informática. Una compañía comercializadora de productos de descanso le encomienda realice una auditoría de seguridad red. Ella y la gerencia acuerdan una serie de

Continúa en página siguiente >>

<< Viene de página anterior

actuaciones, entre ellas controlar las horas habituales de transferencia de datos entre equipos de comunicación y de esta manera extraer información acerca de los períodos de actividad fuera de horario. ¿Sabrías identificar qué tipo de intrusión corresponde esta actuación?

Solución

Ataque pasivo. Este tipo de ataque, no implica en absoluto la modificación de la comunicación en la transferencia de datos, se limita a observar y recopilar información para su posterior análisis. Aunque está ejecutado por una persona autorizada, la metodología es la misma del atacante profesional. Este ataque no implica un cambio en el flujo de información, la comunicación y transmisión de datos no se altera, manteniéndose igual que si no se hubiera producido esta acción.

Una clasificación mucho más específica de los diferentes ataques que puede sufrir un negocio es:

- **Examen del sistema:** aunque aparentemente no causan daño directo, estos ataques vulneran la seguridad del sistema para recopilar información sobre el sistema operativo, los servicios activos y otras características internas. Este reconocimiento inicial sirve como base para futuros ataques.
- **Técnica *exploits*:** esta técnica identifica y explota vulnerabilidades en el sistema utilizando herramientas específicas llamadas *exploits*. Es una fase previa a la ejecución de ataques que buscan causar daños mayores.
- **Interceptación:** mediante esta técnica, los atacantes vulneran la seguridad interceptando mensajes, correos electrónicos y otras comunicaciones electrónicas, comprometiendo la confidencialidad de los datos.
- ***Replay attacks:*** en estos ataques, los atacantes interceptan y reutilizan información transmitida previamente, como datos de pago, modificando elementos clave (por ejemplo, cuentas bancarias) para desviar transacciones.
- ***Eavesdropping:*** este método consiste en monitorear y observar el tráfico de datos utilizando herramientas de escaneo conocidas como *sniffers*. Su objetivo principal es obtener información sin alterar el sistema.
- ***IP Spoofing* - *DNS Spoofing* -*SMTP Spoofing* – *Keylogger*:** estos ataques buscan hacerse pasar por una entidad legítima para acceder a sistemas o información. A continuación, te explicamos en qué consisten:

- ☻ *IP Spoofing:* falsificación de direcciones IP para aparentar ser un remitente confiable.
- ☻ *DNS Spooging:* redirección de usuarios a sitios web falsos mediante la manipulación del sistema de nombres de dominio (DNS).
- ☻ *SMTP Spoofing:* envío de correos electrónicos fraudulentos con remitentes falsificados.
- ☻ *Keylogger: software* diseñado para capturar pulsaciones de teclado y obtener información confidencial.

- ➲ *Source routing:* este ataque modifica la ruta original de un paquete de datos, redirigiéndolo a un destino no autorizado. Para lograrlo, se combinan técnicas como *IP Spoofing* y el uso de *sniffers.*
- ➲ *Rootkits:* los *rootkits* son programas similares a los troyanos que permiten a los atacantes obtener acceso no autorizado a equipos, facilitando el control remoto sin ser detectados.
- ➲ *Mail relaying:* manipulación de servidores de correo para retransmitir mensajes de spam o correos electrónicos fraudulentos, afectando la reputación y la seguridad de las empresas.
- ➲ *Malware:* incluye todo tipo de *software* malicioso, como virus, gusanos, troyanos y códigos dañinos, que infectan sistemas y redes, causando daños operativos y de seguridad.
- ➲ *Scripting:* este ataque utiliza código *script* para suplantar la identidad de usuarios autorizados. Aunque el código no daña directamente el sistema, aprovecha los privilegios del usuario comprometido para realizar acciones maliciosas.
- ➲ **Inyección código SQL:** consiste en introducir comandos SQL maliciosos para manipular bases de datos, permitiendo a los atacantes obtener, modificar o eliminar información sensible del sistema.
- ➲ **Criptoanálisis:** método utilizado para descifrar claves y algoritmos de encriptación, rompiendo la codificación de los mensajes y apropiándose del sistema.
- ➲ *Phishing:* el *phishing* es un ataque que utiliza correos electrónicos, sitios web o mensajes falsos para engañar a las víctimas y obtener información personal, como contraseñas o datos bancarios, con fines extorsivos.
- ➲ **DoS – DdoS:**

  - ☻ *Denial of Service (DoS):* colapsa un sistema o red enviando una cantidad masiva de solicitudes, impidiendo que funcione correctamente.
  - ☻ *Distributed Denial of Service (DDoS):* similar al DoS, pero ejecutado desde múltiples dispositivos simultáneamente, amplificando el impacto y dificultando su mitigación.

NOTA

Estos son algunos de los muchos tipos de ataques existentes, la tecnología avanza y las técnicas de ataque también, cada vez más sofisticadas.

---

3. Ataques remotos en *UNIX*

HILO CONDUCTOR

Un día, Ana recibió una alerta de su equipo de seguridad indicando actividad sospechosa en los servidores UNIX de la empresa. Tras investigar, descubrieron que el sistema había sido objeto de un ataque remoto en el que los atacantes intentaron explotar vulnerabilidades conocidas en el protocolo SSH. Gracias a la configuración de autenticación multifactorial y al monitoreo constante, pudieron bloquear el acceso antes de que se produjeran daños.

La creciente dependencia de la tecnología y la digitalización de los procesos empresariales han hecho que los ataques informáticos sean más frecuentes y sofisticados. Aunque ningún sistema operativo puede garantizar una seguridad absoluta, los esfuerzos continuos por parte de las compañías tecnológicas buscan minimizar las vulnerabilidades mediante soluciones rápidas y efectivas. Tal y como afirmó Eugene Spafford, experto en seguridad informática: *El único sistema totalmente seguro es aquel que está apagado y desconectado.*

IMPORTANTE

Un sistema operativo es el componente esencial de cualquier equipo informático. Gestiona procesos, controla la memoria, y permite que los usuarios interactúen con el equipo sin necesidad de conocimientos avanzados en programación.

Continúa en página siguiente >>

<< Viene de página anterior

Sin él, un ordenador sería tan inútil como un coche sin ruedas. Pero, además de gestionar el *hardware* y *software,* los sistemas operativos cumplen funciones clave como son:

- Proporcionar una interfaz para los usuarios.
- Coordinar aplicaciones, recursos y elementos disponibles.
- Ofrecer servicios de asistencia.
- Gestionar múltiples tareas simultáneamente.

Esta capacidad de integración y control es lo que hace que los sistemas operativos, como UNIX, sean tan influyentes en el ecosistema informático.

En el panorama actual, los sistemas operativos como **Windows, MacOS, Linux,** y **UNIX** conviven tanto en ordenadores como en dispositivos móviles.

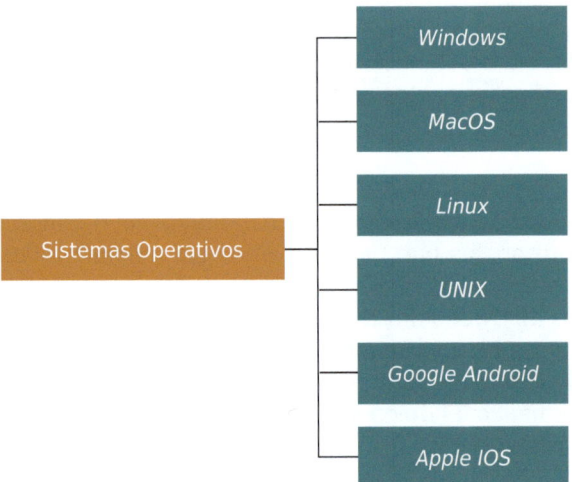

Entre ellos, *UNIX* destaca por ser una referencia clave para otros sistemas y por su influencia en el desarrollo de tecnologías como Android e iOS. Sin embargo, a pesar de su relevancia, *UNIX* no está exento de vulnerabilidades que pueden ser aprovechadas por atacantes.

El sistema *UNIX* cuenta con características destacadas que, aunque funcionales, también pueden facilitar la intrusión si no se gestionan adecuadamente.

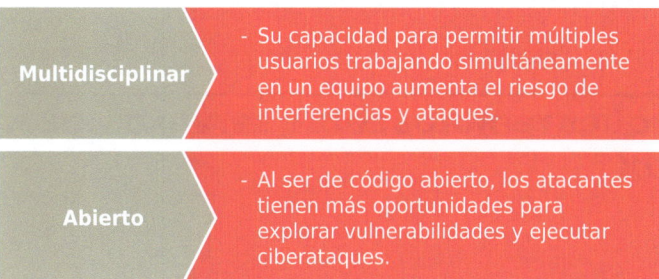

IMPORTANTE

Supervisar los directorios con permisos de escritura es clave para evitar riesgos como borrados accidentales o accesos malintencionados que comprometan el sistema. Limitar permisos, auditar directorios sensibles y usar herramientas de monitoreo son prácticas esenciales para proteger la integridad y seguridad del sistema.

Algunos ataques comunes que afectan a este sistema operativo son:

- **Smurfing:** es una antigua técnica de ataque mediante la cual, y de forma remota, se envía una llamada mediante un ping (silbato) a la dirección de una red remota, esto da como respuesta infinidad de silbidos o señales. El objetivo de este ataque es falsear la dirección IP, de tal manera que las señales recibidas como respuestas a la acción, aprovechen la mala configuración de la red y sea esta quien aburra a la víctima del ataque. En definitiva, se trata de un ataque remoto que utiliza una red mal configurada para inundar de señales a la víctima, falseando direcciones IP y explotando errores en la configuración de la red.
- **Envenenamiento caché DNS:** esta técnica de ataque, modifica la información de los servidores DNS (nombre de dominio). De alguna manera pretende engañar al usuario convenciendo a su propio servidor de la conveniencia por de descargar un *software* de un servidor manipulado. Este tipo de ataque te permitiría recibir como propios, correos

electrónicos y posteriormente modificarlos a tu interés para hacer contraofertas comerciales.

⮞ **Shellshock:** es un buen ejemplo de técnica de ataque que aprovecha una vulnerabilidad que explota un fallo en el sistema *Bash,* permitiendo inyecciones remotas de código malicioso.

4. Ataques remotos sobre servicios inseguros en *UNIX*

👉 HILO CONDUCTOR

En otra ocasión, Ana identificó que un servicio obsoleto en uno de los servidores *UNIX* estaba siendo explotado por atacantes remotos. Este servicio, que no contaba con las actualizaciones de seguridad necesarias, representaba un punto débil para la empresa. Ana tomó medidas inmediatas para deshabilitar el servicio y reemplazarlo por una solución más segura, aprendiendo la importancia de auditar regularmente los servicios en uso.

Incluso las empresas más comprometidas con la seguridad informática no pueden bajar la guardia cuando se trata de proteger sus servicios de red. Para los ciberdelincuentes, cada medida de seguridad implementada es un desafío que intentan superar constantemente. Entre las diversas amenazas, los servicios inseguros representan una vulnerabilidad particularmente crítica que exige una atención especial por parte de las organizaciones.

Los **servicios de red** son recursos esenciales que permiten a las empresas operar con eficacia, facilitando la conectividad, transferencia de datos y control remoto. Aunque estos servicios son desarrollados para ofrecer calidad y seguridad, el simple hecho de conectarse a internet los expone a riesgos significativos. Internet, con toda su utilidad, también actúa como un medio donde circulan amenazas constantes. Aunque la mayoría de los datos que se transmiten en la red están cifrados para proteger su contenido, no existe una garantía total de seguridad. Los atacantes no necesitan acceso físico a los equipos para comprometer los activos; basta con infiltrarse en la red de área local (LAN) a través de una conexión wifi.

DEFINICIÓN

Red de área local (LAN)

Una red de área local (LAN) conecta dispositivos y equipos informáticos en un área física delimitada, como una oficina o un edificio.

En sistemas operativos como *UNIX*, aunque las maniobras de encriptación son una defensa crucial, estas pueden ser revertidas si no se aplican correctamente. Esto significa que las claves de acceso podrían quedar expuestas, dejando servicios críticos completamente vulnerables.

PARA SABER MÁS

Puedes comprobar lo fácil que resulta romper la seguridad de *Linux* que no es más que un clon del sistema operativo *UNIX*.

Un atacante podría utilizar herramientas como *Kali Linux* y *HashCat* para descifrar contraseñas. En este vídeo titulado "Cómo Hackear Una Contraseña | Kali Linux y HashCat (Sys Berads, 2021)", vas a conocer todos los detalles y recursos necesarios para *crackear* las contraseñas del sistema operativo. Accede desde aquí.

https://redirectoronline.com/ifct1160601

A continuación conocerás dos de estos servicios, en ambos recursos es fácilmente posible sustraer las contraseñas y los nombres de usuarios, sin embargo son herramientas muy utilizadas en las organizaciones:

Telnet	FTP
- Este recurso permite conexiones remotas en diferentes plataformas, facilitando el control remoto de ordenadores. Sin embargo, sus datos de autenticación no están cifrados, lo que lo convierte en un objetivo frecuente para los atacantes TELNET.	- O *file transfer protocol* permite la transferencia de archivos desde un ordenador a un servidor web. Aunque es útil, su falta de cifrado en la autenticación lo hace igualmente vulnerable FTP.

Al monitorear el tráfico entre usuarios y servicios como Telnet o FTP, un atacante puede interceptar y sustraer nombres de usuario y contraseñas. Además, estos servicios son objetivos habituales de ataques del tipo **Man in the middle** (**MITM**), donde un atacante intercepta las comunicaciones entre dos partes para manipular o robar información.

Un ataque Man in the middle ocurre cuando un atacante se posiciona entre dos partes que creen estar comunicándose directamente, logrando interceptar o alterar los datos transmitidos.

 **VÍDEO**

Conocer cómo operan estos ataques es el primer paso para protegerte. En este vídeo aprenderás medidas esenciales que te permitirán identificar redes inseguras y actuar con precaución frente a estas amenazas. Accede desde aquí.

Continúa en página siguiente >>

<< Viene de página anterior

https://redirectoronline.com/ifct1160602

5. Ataques locales en *UNIX*

👉 HILO CONDUCTOR

Durante una auditoría interna, el equipo de Ana descubrió que uno de los empleados había ejecutado accidentalmente comandos con permisos administrativos en un sistema *UNIX*, exponiéndolo a un posible ataque local. Aunque no se detectaron intenciones maliciosas, Ana reforzó las políticas de privilegios mínimos y lanzó una campaña de concienciación para garantizar que solo el personal autorizado tuviera acceso a funciones críticas del sistema.

En el ámbito de la seguridad informática, es fundamental abordar los riesgos asociados a los sistemas operativos multiusuario como *UNIX*. Este sistema permite que múltiples personas trabajen simultáneamente desde diferentes equipos, lo cual puede aumentar la productividad, pero también conlleva un mayor riesgo de violaciones de seguridad. Los ataques locales son una de las amenazas más comunes, ya que, intencionadamente o por accidente, los usuarios locales pueden comprometer la integridad de todo un sistema de información.

NOTA

Aunque *UNIX* actúa como un gestor de accesos estableciendo niveles de privilegio para los usuarios, los ciberdelincuentes encuentran en la ingeniería social una herramienta poderosa para explotar vulnerabilidades humanas. Como se ha visto previamente, estas técnicas logran convencer a los usuarios para que, sin saberlo, proporcionen información sensible como contraseñas y accesos privilegiados, abriendo así las puertas al núcleo del sistema.

Además, no todos los riesgos provienen de intenciones maliciosas. Hay situaciones en las que factores externos pueden generar pérdidas significativas de información, como desastres naturales, fallos del sistema operativo, o problemas en la red, como el apagado intempestivo de un equipo antes de guardar el trabajo.

6. ¿Qué hacer si recibimos un ataque?

👉 **HILO CONDUCTOR**

En un incidente real, la empresa de Ana fue víctima de un intento de *ransomware* dirigido a sus servidores *UNIX*. El protocolo de respuesta rápida que Ana había diseñado permitió al equipo aislar el servidor afectado, identificar el vector de ataque y restaurar los sistemas a partir de las copias de seguridad. Posteriormente, Ana organizó una reunión para analizar el incidente, extraer lecciones aprendidas y ajustar las estrategias de defensa. Este enfoque proactivo no solo protegió los datos de la empresa, sino que también fortaleció la confianza de sus clientes.

Cuando las medidas preventivas no logran evitar un ataque, es fundamental contar con un protocolo claro para mitigar los daños.

Las medidas básicas de seguridad en cualquier protocolo son:

- ➲ **Medidas técnicas:** la primera medida a poner en marcha consistiría en monitorizar el sistema operativo, de esta manera podrá ser identificada cualquier acción sospechosa.

- **Medidas organizativas:** en este momento es importante activar el gabinete de crisis que vendrá definido en la política de seguridad de la empresa. Este órgano tiene poder decisorio y convocará a todo el personal responsable de las decisiones relativas a la seguridad.
- **Medidas legales:** independientemente de las imposiciones legales del Reglamento general europeo de protección de datos (RGPD), será necesario que queden registradas las incidencias ocasionadas por el ataque detectado. En este registro constarán todos los datos relativos al incidente, fecha, hora, elementos implicados, daños ocasionados, medidas aplicadas etc. Este documento servirá a modo de memoria y permitirá seguir avanzando en la seguridad de la empresa.
- **Medidas de recuperación:** es el momento vital en el que se tratará de llevar a cabo un conjunto de medidas específicas recogidas en el plan de continuidad del negocio. Entre las medidas concretas están las de recuperar rápidamente información mediante técnicas *backups* y poner a buen recaudo copias de seguridad. Es importante contar con ayuda externa de empresas especializadas en seguridad informática que puedan recoger la mayor información posible para llevar a cabo investigaciones.
- **Medidas de respuesta:** es importante, tener disponibilidad y voluntad en denunciar el hecho. Los clientes lo agradecerán, ya que tarde o temprano llegará a la opinión pública y una actitud proactiva no alimentará dudas de buena y rápida gestión. En este aspecto, el RGPD en el artículo 34 *Comunicación de una violación de la seguridad de los datos personales al interesado* informa de la obligatoriedad de informar a clientes y consumidores o personas interesadas que puedan verse afectadas por la vulnerabilidad de información confidencial. También será necesario informar al personal de la empresa y a los proveedores de suministros, notificar de manera expresa a la Agencia Española de Protección de Datos en el plazo que determine la ley y por supuesto presentar denuncia a las autoridades policiales.
- **Medidas complementarias:** tener en cuenta las propuestas de la Norma ISO 27001 en materia de seguridad de la información.

 **EJEMPLO**

Un ejemplo claro de la importancia de estar preparado es el caso de Ana, cuya empresa fue víctima de un intento de *ransomware* dirigido a sus servidores *UNIX*. Gracias a un protocolo de respuesta rápida previamente establecido, su equipo logró aislar el servidor comprometido, identificar el vector del ataque y restaurar los sistemas desde copias de seguridad. Posteriormente, organizaron

Continúa en página siguiente >>

<< Viene de página anterior

una reunión para extraer lecciones aprendidas y ajustar las estrategias de defensa, fortaleciendo así la confianza de sus clientes y mejorando su resiliencia ante futuros ataques.

En *pos* de la seguridad del sistema operativo, tendrás en cuenta las siguientes **medidas preventivas** para proteger la seguridad informática y de la información:

1. **Mantén el sistema operativo actualizado:** instala regularmente las actualizaciones y parches de seguridad para reducir vulnerabilidades en el sistema.
2. **Utiliza un *software* antivirus:** asegúrate de contar con un programa antivirus confiable y mantenlo siempre activo y actualizado.
3. **Descarga *software* de fuentes confiables:** evita instalar programas provenientes de sitios web o proveedores no verificados.
4. **Verifica archivos antes de descargarlos:** analiza cualquier archivo descargado antes de abrirlo para evitar posibles infecciones.
5. **Navega con un usuario estándar:** usa cuentas de usuario con permisos limitados para tareas diarias y reserva el usuario Administrador solo para configuraciones esenciales.
6. **Realiza copias de seguridad regularmente:** guarda copias de tus datos en ubicaciones diferentes o dispositivos externos para garantizar su recuperación en caso de pérdida.
7. **Crea contraseñas seguras:** asegúrate de que tus contraseñas sean únicas, complejas y difíciles de adivinar.
8. **Evita redes *wifi* públicas:** no compartas información confidencial mientras estás conectado a redes inalámbricas públicas no seguras.
9. **Implementa una política de mesas limpias:** mantén las áreas de trabajo libres de documentos sensibles o información confidencial al final del día.
10. **Controla el acceso físico:** establece medidas de seguridad para proteger las instalaciones, como cerraduras electrónicas o tarjetas de acceso.
11. **Gestiona dispositivos móviles y cámaras:** limita y supervisa el uso de dispositivos que puedan comprometer la seguridad, como teléfonos o cámaras no autorizadas.
12. **Clasifica la información:** organiza y categoriza los datos según su nivel de sensibilidad para gestionar su protección adecuadamente.
13. **Define permisos y privilegios:** asigna accesos específicos según los roles y responsabilidades de los usuarios dentro de la organización.

14. **Capacita a los empleados:** ofrece programas de formación en ciberseguridad y seguridad física para aumentar la conciencia y reducir errores humanos.

Estas medidas son esenciales para fortalecer la seguridad de cualquier sistema y minimizar riesgos en un entorno tecnológico en movimiento y totalmente desafiante.

El impacto de un ataque cibernético puede ser devastador para las empresas, causando daños que van desde pérdidas económicas significativas hasta el deterioro de la confianza de los clientes y socios comerciales. Por este motivo, además de implementar medidas preventivas sólidas, es esencial considerar el respaldo de un **ciberseguro.** Este tipo de seguro está diseñado específicamente para mitigar los efectos de la ciberdelincuencia, ofreciendo una capa adicional de protección en caso de incidentes.

Hoy en día, muchas compañías de seguros se han especializado en productos que abordan las necesidades únicas de la seguridad informática. Un ciberseguro puede complementar tus esfuerzos de prevención y respuesta, proporcionando servicios clave como son estos servicios que se enumeran a continuación.

Pólizas de seguro para la ciberseguridad empresarial

Cobertura ante pérdidas económicas	Protección financiera contra los costes derivados de interrupciones operativas, robos de datos y rescates en ataques de *ransomware*.
Asistencia en recuperación de datos	Acceso a expertos para la recuperación de información crítica y sistemas afectados tras un ataque.
Defensa ante demandas legales	Asesoría y cobertura frente a litigios relacionados con la filtración de datos confidenciales o incumplimientos normativos, como el RGPD.
Monitoreo y análisis forense	Servicios para identificar la causa del ataque y prevenir futuros incidentes similares.
Soporte técnico 24/7	Respuesta inmediata a incidentes, con un equipo especializado disponible en todo momento.
Gestión de comunicación de crisis	Asistencia para manejar la comunicación pública y mitigar el daño reputacional causado por un incidente de seguridad.
Capacitación para empleados	Programas de formación y simulaciones para mejorar la preparación de los equipos frente a posibles ataques.

TAREA 6

Una importante empresa de productos lácteos, acaba de sufrir un ataque a su sistema informático. Los ciberdelincuentes han encontrado una puerta de entrada en el sistema operativo con el que trabajan *(Unix)*. Esta vía de acceso les ha permitido la ejecución de la vulnerabilidad denominada *stack clash* que afecta a diferentes servicios y estructuras. Esta acción provee de privilegios root por lo que permite al atacante ejecutar comandos con un usuario autorizado. Temen lo peor y sospechan que la iniciativa de esta agresión puede sobrevenir de la propia organización. Hay una importante política de restructuración de plantilla y muchos empleados están siendo sondeados por una fuerte competencia.

En base a esto, deberás categorizar el ataque sufrido al sistema informático, resumir problemáticas de ataques informáticos remotos y locales, presentar los problemas de seguridad en el sistema operativo *Unix* y definir contramedidas efectivas frente a un ataque.

7. Resumen

La gestión de la seguridad informática de una empresa requiere una comprensión clara de los distintos tipos de ataques y de los riesgos inherentes a los sistemas operativos como *UNIX*.

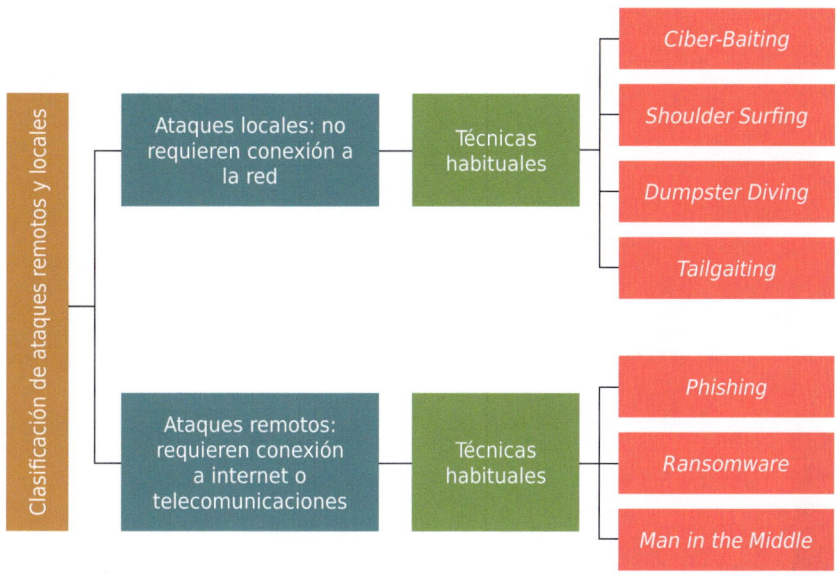

Los sistemas operativos multiusuario, como *UNIX,* presentan desafíos específicos debido a características como el acceso compartido y el código abierto, que, si no se gestionan adecuadamente, pueden ser explotados por la ciberdelincuencia. Para mitigar estos riesgos, es fundamental aplicar medidas preventivas efectivas y de respuesta a ataques.

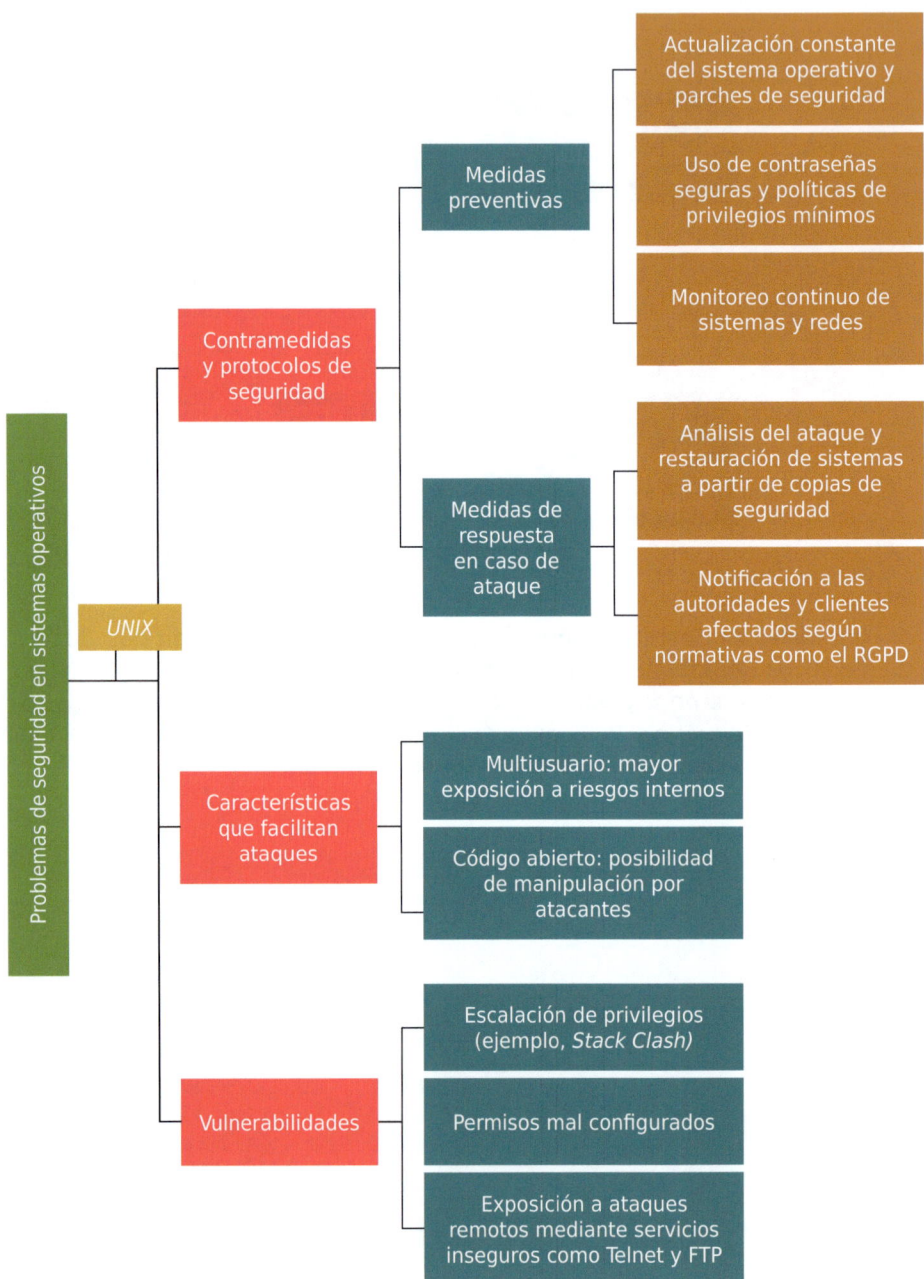

Ejercicios de autoevaluación
Unidad de Aprendizaje 6

1. ¿Qué es un ataque remoto?

    a. Un ataque que requiere acceso físico al sistema.
    b. Un ataque que no necesita conexión a internet.
    c. Un ataque que requiere conexión a internet o un canal de telecomunicaciones.
    d. Un ataque interno ejecutado por empleados.

2. ¿Cuál de las siguientes es una técnica de ataque local?

    a. *Shoulder Surfing*
    b. *Phishing*
    c. *Ransomware*
    d. *Man in the Middle*

3. ¿Qué técnica utiliza dispositivos olvidados como pendrives para engañar a la víctima?

    a. *Tailgating*
    b. *Dumpster Diving*
    c. *Ciber-Baiting*
    d. *Pretexting*

4. ¿Qué diferencia un ataque activo de un ataque pasivo?

    a. Los activos son más discretos que los pasivos.
    b. Los pasivos alteran datos, mientras que los activos no.
    c. Los activos solo buscan recopilar datos.
    d. Los pasivos recopilan datos sin modificar el sistema, mientras que los activos alteran información.

5. ¿Cuál es un ejemplo de ataque remoto?

    a. *Dumpster Diving*
    b. *Shoulder Surfing*
    c. *Phishing*
    d. *Pretexting*

6. ¿Qué técnica se utiliza para modificar nombres de dominio y redirigir a sitios falsos?

    a. *IP Spoofing*
    b. *DNS Spoofing*
    c. *Replay Attack*
    d. *SQL Injection*

7. ¿Qué herramienta permite capturar pulsaciones de teclado para obtener datos sensibles?

    a. *Keymaker*
    b. *Ransomware*
    c. *Keylogger*
    d. *Malware Script*

8. ¿Cuál es el objetivo principal de un ataque DoS?

    a. Colapsar un sistema enviando una gran cantidad de solicitudes.
    b. Interceptar comunicaciones.
    c. Inyectar código malicioso en bases de datos.
    d. Monitorear el tráfico de red sin ser detectado.

9. ¿Qué medida preventiva es esencial para evitar ataques en sistemas *UNIX?*

    a. Eliminar contraseñas complejas.
    b. Permitir privilegios de administrador a todos los usuarios.
    c. Mantener el sistema operativo actualizado con parches de seguridad.
    d. Usar cuentas de usuario genéricas.

10. ¿Qué acción clave ayuda a prevenir ataques en redes públicas inseguras?

    a. Usar Telnet para conexiones seguras.
    b. Evitar compartir información confidencial en redes wifi públicas.
    c. Deshabilitar los *firewalls* del sistema.
    d. Confiar en configuraciones predeterminadas.

Profundización en la seguridad en redes inalámbricas

Contenido

Objetivos

El objetivo general de esta Unidad de Aprendizaje es:

→ Examinar los elementos relativos a la seguridad en redes inalámbricas, encaminadas estas a proveer a las organizaciones de un recuso de inestimable valor para su quehacer diario.

Los objetivos específicos de esta Unidad de Aprendizaje son:

→ Profundizar en materia de la seguridad en las redes inalámbricas.

→ Conocer el estándar inalámbrico 802.11 – WIFI y sus variables.

→ Identificar las vulnerabilidades de las redes abiertas.

→ Valorar ataques a la seguridad en redes inalámbricas.

→ Categorizar mecanismos de cifrado.

1. Introducción

El desarrollo empresarial depende de una conexión eficiente y segura entre los elementos que forman parte de su estructura global. Este entramado permite establecer relaciones sólidas con mercados, clientes y proveedores, en un entorno marcado por la competitividad, la gestión de la información y la necesidad de decisiones ágiles, donde el cliente digital demanda experiencias excepcionales más allá de productos o servicios.

Para lograrlo, las empresas necesitan una infraestructura inalámbrica robusta y confiable que garantice la transferencia constante de datos en tiempo real. Esto no solo facilita las operaciones internas, sino que también permite una visión integral de los acontecimientos dentro y fuera del negocio, potenciando la capacidad de respuesta y adaptación.

En un mundo donde la tecnología conecta cada vez más dispositivos, las redes de comunicación no pueden permitirse ser inseguras o ineficientes. Por ello, las organizaciones invierten en estrategias de defensa contra ataques sofisticados, entendiendo que una red segura es fundamental para sostener el crecimiento y la innovación empresarial.

Para el desarrollo del contenido, seguiremos explorando estas ideas a través del caso de Ana, quien ha liderado iniciativas clave para garantizar la seguridad y eficiencia de las redes inalámbricas en su empresa.

2. Introducción al estándar inalámbrico 802.11 - WIFI

☞ **HILO CONDUCTOR**

Ana identificó que las redes wifi, esenciales para la operatividad de su empresa, también eran un punto crítico de vulnerabilidad. Para fortalecer su seguridad, profundizó en el estándar 802.11, asegurando configuraciones seguras mediante nuevos protocolos, segmentación de la red y monitoreo constante del tráfico inalámbrico.

En la actualidad, es imposible concebir un entorno global de conexión, ya sea para usuarios o empresas, sin una infraestructura inalámbrica robusta que respalde la transmisión de datos. La **red inalámbrica,** conocida también como *Wireless Network,* permite la conexión entre dispositivos mediante ondas electromagnéticas, eliminando la necesidad de cables físicos. Esto no solo mejora la flexibilidad y movilidad, sino que también reduce costes y simplifica la implementación de redes tanto en entornos organizacionales como domésticos.

La conexión alámbrica limita las oportunidades de desarrollo económico.

 **DEFINICIÓN**

Red inalámbrica

Una red inalámbrica conecta nodos de dispositivos informáticos a través de ondas electromagnéticas. Gracias a estas ondas, que no necesitan un medio material para propagarse, es posible transmitir y recibir datos de manera eficiente. Estos principios se extienden al espectro radioeléctrico, utilizado por tecnologías como wifi, *Bluetooth* y dispositivos móviles, con frecuencias que oscilan entre los 2,4 GHz y los 5 GHz, las bandas más comunes para las redes inalámbricas modernas.

Para las empresas, las redes inalámbricas representan un salto tecnológico que permite ganar competitividad, como ahora veremos:

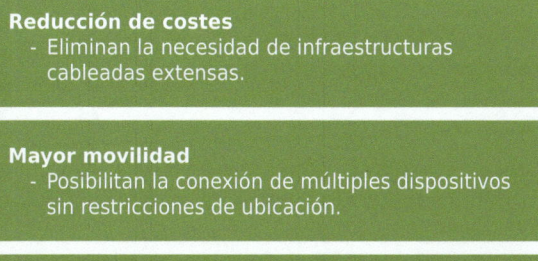

Reducción de costes
- Eliminan la necesidad de infraestructuras cableadas extensas.

Mayor movilidad
- Posibilitan la conexión de múltiples dispositivos sin restricciones de ubicación.

Velocidades competitivas
- Los avances en tecnología wifi, como wifi 6, han llevado las velocidades inalámbricas a niveles comparables con las conexiones por cable.

NOTA

Estas características han sido esenciales para soportar la creciente cantidad de dispositivos conectados, especialmente en el marco del Internet de las Cosas (IoT), que impulsa la transformación digital en numerosos sectores.

- -

A medida que la conectividad crece, también lo hacen los riesgos asociados. Las redes inalámbricas son un objetivo común de ataques como el *Man in the middle* (MITM) y la suplantación de identidad *(spoofing)*. Para mitigar estos riesgos, se deben implementar medidas básicas como son estas que se nombran:

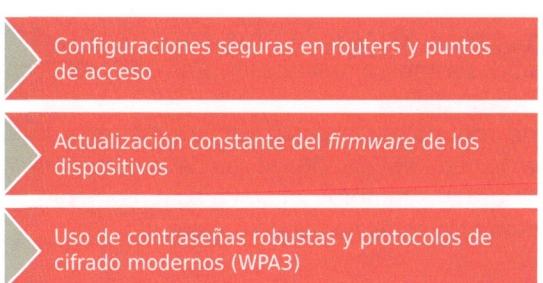

Configuraciones seguras en routers y puntos de acceso

Actualización constante del *firmware* de los dispositivos

Uso de contraseñas robustas y protocolos de cifrado modernos (WPA3)

El estándar **IEEE 802.11** se basa en el **modelo OSI** *(open systems interconnection),* estructurado en siete capas funcionales.

DEFINICIÓN

Modelo OSI
Es un sistema de comunicaciones red de funcionalidad periférica, diseñado en una progresión de capas que interaccionan entre sí.

Las capas en las que se basa este modelo para las redes inalámbricas son las siguientes:

- **Capa física:** garantiza el transporte de los datos entre dispositivos, incluyendo la gestión de errores. Es por tanto, la capa responsable de la transmisión de datos en forma de ondas electromagnéticas.
- **Capa de enlace:** la responsabilidad de esta capa es transportar los mensajes de la capa física a la capa red y a la inversa (recuerda que los datos van y vienen). Para ello, hará uso de interfaces como módem, *routers*, etc.
- **Capa de red:** gestiona el enrutamiento y la entrega de datos entre redes. La responsabilidad de esta capa es la de generar la estructura para determinar el itinerario y las rutas de internet es lo que técnicamente se denomina enrutamiento.
- **Capa de transporte:** la responsabilidad de esta capa es la de determinar el momento para la retransmisión de datos para garantizar la llegada a su destino. Empaqueta y segmenta los mensajes para incorporarlos en el *host* de destino.
- **Capa de sesión:** Es una prolongación de la capa anterior y su responsabilidad es la de controlar la comunicación y ofrecer sincronización. Establece un diálogo entre distintos terminales (tabletas, dispositivos móviles, ordenadores, etc.).
- **Capa de presentación:** la responsabilidad de esta capa es la de hacer comprensible el formato de los datos, coordinando los mismos para ser transmitidos e intercambiados. Aquí se produce la encriptación y desencriptación de datos.
- **Capa de aplicación:** la responsabilidad de esta capa es la de identificar la tarea de cada aplicación, ya sea navegadores, transferencia de archivos, dispositivos remotos, etc.). En este momento el usuario interactúa, tal y como tú lo estás haciendo en este momento.

La siguiente imagen muestra a nivel de capas del modelo OSI, el recorrido de los datos que fluyen desde la primera capa (física) hasta la séptima capa (aplicación) cuando son recepcionados o a la inversa cuando son transmitidos.

**Representación del flujo de datos
transmisión - recepción - transmisión**

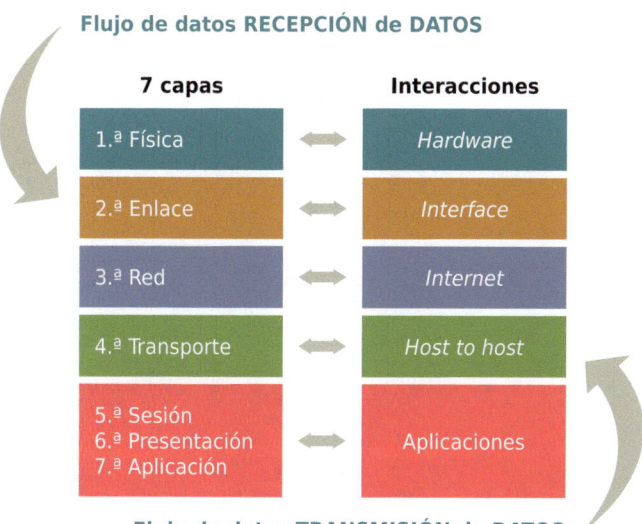

Flujo de datos RECEPCIÓN de DATOS

7 capas		Interacciones
1.ª Física	⬌	Hardware
2.ª Enlace	⬌	Interface
3.ª Red	⬌	Internet
4.ª Transporte	⬌	Host to host
5.ª Sesión 6.ª Presentación 7.ª Aplicación	⬌	Aplicaciones

Flujo de datos TRANSMISIÓN de DATOS

NOTA

El diseño en capas permite una comunicación más eficiente y modular, facilitando la interoperabilidad entre diferentes tecnologías y dispositivos.

- -

Ya sabemos que el modelo OSI proporciona una estructura conceptual que organiza las funciones de red en siete capas, facilitando la interoperabilidad y comunicación entre sistemas. Ahora bien, los estándares de **la familia IEEE 802.11,** diseñados para redes inalámbricas, se integran directamente en este modelo. Por ejemplo, la **capa física** del OSI define las frecuencias, modulaciones y señales utilizadas para transmitir datos en redes wifi, mientras que la **capa de enlace** gestiona la conexión entre dispositivos y asegura la corrección en la transmisión de datos. Esta relación garantiza que las redes inalámbricas operen de forma eficiente, soportando características avanzadas como MIMO en 802.11n o la alta densidad de dispositivos en 802.11ax (wifi 6), adaptándose a las demandas de velocidad, alcance y seguridad en un entorno digital dinámico.

La Norma IEE 802.11 ha sufrido innumerables modificaciones y mejoras desde su establecimiento allá en el año 1997, ya que los requerimientos de una red WLAN son mucho más exigentes que una red local.

Algunas de las versiones más utilizadas y sus características clave son:

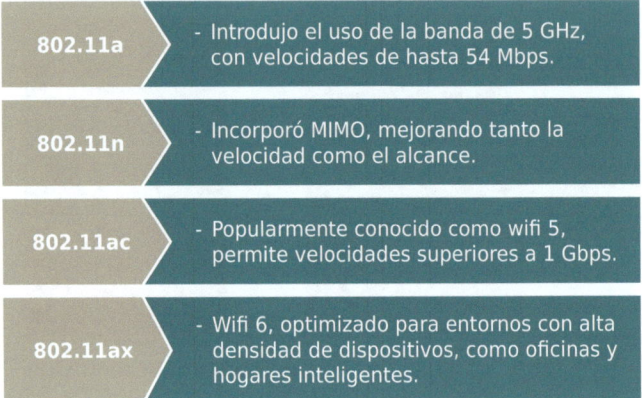

802.11a	- Introdujo el uso de la banda de 5 GHz, con velocidades de hasta 54 Mbps.
802.11n	- Incorporó MIMO, mejorando tanto la velocidad como el alcance.
802.11ac	- Popularmente conocido como wifi 5, permite velocidades superiores a 1 Gbps.
802.11ax	- Wifi 6, optimizado para entornos con alta densidad de dispositivos, como oficinas y hogares inteligentes.

NOTA

La Norma estándar IEEE 802.11 define las especificaciones y funcionalidad de la red inalámbrica WLAN, la cual ha ido evolucionando en una familia de estándares adaptados a las nuevas exigencias de los usuarios.

En este estándar inicial se abordó:

- Mayor rendimiento
- Mayor alcance de la red inalámbrica
- Nuevas frecuencias disponibles
- Incorporación de nuevas tecnologías
- Menor consumo

El estándar IEEE 802.11 fue el más utilizado para el diseño de los WLANs. Actualmente toda la tecnología provista de la familia 802.11 (802.11a, 802.11b, 802.11g, 802.11n, etc.) tiene la denominación *wifi (wireless fidelity)*

Los canales actuales por los que fluye toda esta arquitectura pueden ser tres: el cable, la actual y conocida fibra óptica y la inalámbrica *(wireless)*.

Para que puedas apreciar la evolución de algunas de las derivaciones (hay muchas más) de la norma estándar 802.11 y comparar las técnicas de propagación, consulta los datos del siguiente cuadro explicativo:

	802.11 legacy	802.11b	802.11a	802.11g	802.11n
Banda	2.4Ghz / 850-950nm	2.4GHz	5Ghz	2.4GHz	2.4GHz / 5GHz
Capa física	FHSS / DSSS / IR	DSSS	OFDM	DSSS / OFDM	MIMO / OFDM
	GFSK / DPSK	DPSK sin / con CCK o PBCC	PSK / QAM	DPSK / PSK / QAM	
Tasa máxima	2 Mbps	11 Mbps	54 Mbps	54 Mbps	600 Mbps
Througput(*)	0.9 Mbps	4.5 Mbps	23 Mbps	20 Mbps	135 Mbps
Alcance interior (*)	20m	40m	35m	40m	70m
Alcance exterior (*)	100m	150m	120m	150m	300m
Año	1997	1999	1999	2003	2008
Uso	En desuso	Muy extendido	Poco extendido	Extendido y creciente	En desarrollo
Rendimiento	Buen rendimiento	Rendimiento medio	Mejor rendimiento	Rendimiento medio	Máximo rendimiento
Consumo	Bajo consumo	Bajo consumo	Mayor consumo	Bajo consumo	
Canales sin solapamiento	No	3 canales simultáneas	12 canales simultáneos		
Compatibilidad		Incompatible con 802.11a	Incompatible con 802.11b	Compatible con 802.11b	Compatible con todos
Interferencias	Bluetooth, microondas, DECT...			Bluetooth, microondas...	
Otras			Necesita licencia en algunos países		

Comparativa familia 802.11

2.1. Topologías

Las redes inalámbricas, fundamentales en la era actual caracterizada por la conectividad, permiten la interacción de dispositivos como ordenadores, smartphones, impresoras, televisores inteligentes y otros equipos del *Internet de las Cosas.* Este concepto, que describe la interconectividad de objetos cotidianos mediante tecnología digital, ha transformado tanto la vida cotidiana de las personas y usuarios así como también en el ámbito empresarial.

En las empresas, estas redes no solo facilitan la conexión de múltiples dispositivos a las aplicaciones corporativas, sino que también ofrecen importantes ventajas.

 RECUERDA

La capacidad de ampliar o modificar la red sin los costes y limitaciones del cableado físico, una implementación más económica que las redes alámbricas tradicionales y el incremento de la productividad ya que la conectividad en tiempo real mejora los procesos internos y la toma de decisiones.

El uso de redes inalámbricas permite que negocios de todos los tamaños, desde pequeños comercios hasta grandes corporaciones, adopten tecnologías avanzadas de manera eficiente y escalable

El diseño de una red inalámbrica corporativa requiere la selección de la **topología** más adecuada para optimizar su rendimiento y adaptarse a las necesidades específicas de cada organización. Estas configuraciones, representadas gráficamente, se agrupan en cinco tipos principales: **malla, estrella,** árbol, **bus** y **anillo,** cada una con características únicas que potencian la conectividad.

 DEFINICIÓN

Topología
La topología de red es la forma en que se organizan y conectan los dispositivos en una red, ya sea de manera física (el cableado) o lógica (cómo fluyen los da-

Continúa en página siguiente >>

<< Viene de página anterior

tos). Define cómo se estructuran las conexiones para optimizar la comunicación y el rendimiento.

A continuación, descubre cómo cada topología puede beneficiar la funcionalidad de tu red:

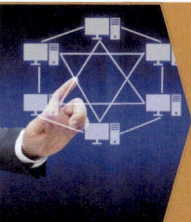

Malla
- Este tipo de tipología viene a representar una conexión de punto a punto entre dispositivos, por lo que únicamente existirá tráfico de datos en aquellos puntos que queden enlazados. Este tipo de conexión aporta seguridad, ya que solo existe una sola línea por donde los datos viajan hacia un solo receptor.

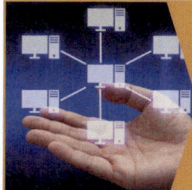

Estrella
- En esta topología, los dispositivos no se comunican directamente entre sí. En su lugar, utilizan un controlador central que actúa como intermediario. Este diseño simplifica la gestión y admite la conexión de un número ilimitado de dispositivos.

Árbol
- Esta estructura se organiza jerárquicamente, con una red central que distribuye el tráfico hacia otros equipos en niveles inferiores. Ofrece flexibilidad para expandir la red a medida que crecen las necesidades de la organización.

Bus
- Conecta todos los dispositivos en una línea central, distribuyendo el tráfico secuencialmente. Es sencilla de implementar, pero cualquier fallo en la línea central puede interrumpir toda la red.

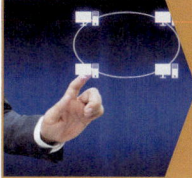

Anillo
- Los dispositivos se conectan en un círculo cerrado, donde los datos fluyen en una única dirección hasta alcanzar su destino. Aunque eficiente, una interrupción en cualquier punto del anillo puede afectar toda la red.

3. Seguridad en redes *wireless*. Redes abiertas

☞ HILO CONDUCTOR

Después de conocer aspectos importantes para la implementación de una red wifi segura basada en el estándar 802.11, Ana destacó el peligro de que muchos empleados, especialmente en desplazamientos o visitas a clientes, pudieran conectarse con frecuencia a redes wifi públicas para acceder a los recursos corporativos. Consciente de los riesgos que implican las redes abiertas, como la interceptación de datos o los ataques tipo *man-in-the-middle,* decidió profundizar en este aspecto.

- -

Hasta ahora, hemos explorado las numerosas ventajas y beneficios que las redes inalámbricas ofrecen tanto a las empresas como a los usuarios en general. Sin embargo, ha llegado el momento de profundizar en un aspecto crucial: la seguridad. Analizaremos los riesgos asociados y las medidas necesarias para proteger estas redes en un entorno cada vez más interconectado.

Las redes inalámbricas, a pesar de su conveniencia, presentan desafíos importantes en cuanto a seguridad. Es fundamental conocer y aplicar estrategias específicas para protegerlas de posibles intrusos y amenazas.

Algunos mecanismos clave para incrementar la seguridad de la red son:

- ⇒ **SSID** *(service set id):* el nombre que identifica tu red WLAN puede mejorarse mediante dos medidas:

  - ◔ **Cambia el nombre de fábrica:** aunque no evita intrusos, dificulta que identifiquen el fabricante del punto de acceso.
  - ◔ **Asigna una contraseña robusta:** aumenta la dificultad de acceso, aunque no garantiza protección total.

- ⇒ *ACL (access control list):* limita los dispositivos que pueden conectarse a la red. Aunque útil, un hacker avanzado podría replicar la ID de un dispositivo autorizado.
- ⇒ **WEP** *(wire equivalent privacity):* un método básico de seguridad incluido en el estándar 802.11. Aunque tiene limitaciones, es un punto de partida que se mejora con otras estrategias.
- ⇒ **WPA / WPA2** *(wifi protected access):* la evolución del WEP, ofrece una protección más robusta y es esencial para cualquier red moderna.

VÍDEO

Llegado a este punto, y tras conocer las habilidades de los ciberdelincuentes, resulta interesante profundizar en los riesgos asociados a las redes inalámbricas abiertas. En lugar de abordar solo teoría, y como sugerencia, explora un caso real que demuestra lo sencillo que puede ser acceder a la información de usuarios que utilizan redes wifi abiertas.

Aunque este vídeo fue creado hace algún tiempo, su contenido sigue siendo altamente relevante para comprender cómo los ciberatacantes aprovechan las vulnerabilidades de las redes wifi públicas. A través de ejemplos claros y explicaciones detalladas, aprenderás cómo estas amenazas operan para interceptar datos sensibles de usuarios desprevenidos.

Es una gran oportunidad para adquirir conciencia sobre los riesgos de conectarse a redes abiertas y descubrir medidas esenciales para proteger la información personal y empresarial. Accede desde aquí.

https://redirectoronline.com/ifct1160701

 PARA SABER MÁS

No hay mejor manera de aprender que poniendo en práctica lo que sabes. Si cuentas con una red wifi en tu hogar o negocio, aprovecha esta infraestructura para aplicar las mejores prácticas de seguridad. Asegúrate de que tu red sea lo más segura posible y minimiza los riesgos de intrusión o pérdida de datos.

Te invitamos a explorar la guía proporcionada por el **INCIBE** (Instituto Nacional de Ciberseguridad), donde encontrarás pasos detallados para configurar una red inalámbrica segura. Accede al enlace y sigue las recomendaciones para

Continúa en página siguiente >>

<< Viene de página anterior

proteger tu conexión y disfrutar de una mayor tranquilidad. Accede a dicha guía desde aquí.

https://redirectoronline.com/ifct1160702

3.1. WEP

Hablar de la seguridad en redes inalámbricas bajo el estándar 802.11 implica abordar la tecnología ***wire equivalent privacy*** (**WEP**), que surgió como el primer procedimiento de cifrado diseñado para proteger la información en redes wifi. Aunque fue un avance significativo en su época, WEP ha quedado obsoleto debido a sus múltiples vulnerabilidades y limitaciones, como veremos a continuación.

WEP es un protocolo de seguridad integrado en el estándar IEEE 802.11 para cifrar la información que circula por redes inalámbricas.

Este sistema se basa en dos acciones fundamentales:

Autenticación	Encriptación
- La autenticación es la maniobra informática como medida de seguridad mediante la cual es posible asegurar que un usuario que accede a un servicio es auténtico y corresponde a quien dice ser. Garantiza que un usuario que accede a la red es quien dice ser.	- La encriptación es la maniobra informática como medida de seguridad mediante la cual información crítica se convierte ilegible con el objetivo de protegerla. Convierte información sensible en datos ilegibles para protegerla durante la transmisión.

La **autenticación WEP,** describe el procedimiento de acceso a una infraestructura red entre un ordenador, equipo o aplicación (cliente WLAN) y un punto de acceso.

WEP puede utilizar dos **técnicas de autenticación** dependiendo si el equipo que quiere conectarse al punto de acceso no requiere identificación alguna, denominándose **sistema abierto** o bien si la conexión requiere de una **clave compartida.**

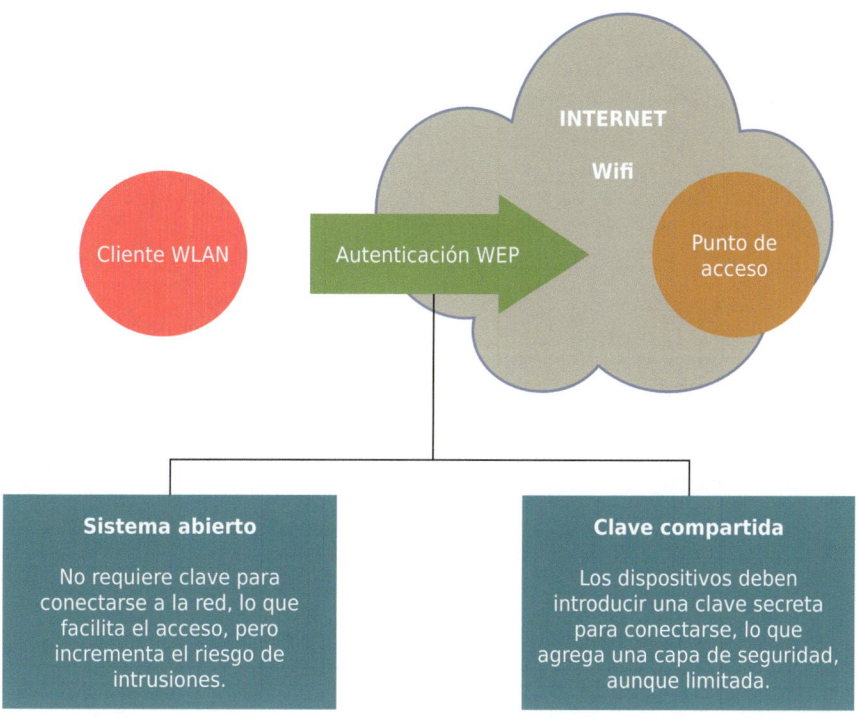

Sistema abierto

No requiere clave para conectarse a la red, lo que facilita el acceso, pero incrementa el riesgo de intrusiones.

Clave compartida

Los dispositivos deben introducir una clave secreta para conectarse, lo que agrega una capa de seguridad, aunque limitada.

 **EJEMPLO**

A continuación verás un ejemplo de sistema abierto de autenticación WEP:

- El despacho del Sr. López dispone de dos nuevos dispositivos inalámbricos, entre ellos está una fotocopiadora y un escáner, ambos dispositivos pueden conectarse al *router* de la red wifi sin necesidad de introducir ninguna clave.

Continúa en página siguiente >>

<< Viene de página anterior

A continuación verás un ejemplo de sistema de clave compartida de autenticación WEP:

- El despacho del Sr. López dispone de dos nuevos dispositivos inalámbricos, entre ellos está una fotocopiadora y un escáner, ambos dispositivos pueden conectarse al *router* de la red wifi especificando la misma clave secreta.

En el primer ejemplo, los dispositivos pueden conectarse sin requerimientos de claves. Esto puede ser una práctica arriesgada pero habitual, sobre todo cuando no existe consciencia de seguridad informática y lo que se pretende es facilitar el acceso y uso de dispositivos.

En el segundo ejemplo, los dispositivos envían una solicitud de autenticación al punto de acceso, para este proceso será necesario encriptar y desencriptar la información crítica (Clave secreta).

Es importante comprender el proceso invisible que permite a dispositivos como impresoras inalámbricas, móviles u otros equipos conectarse a una red wifi de manera eficiente y segura.

- 1.º La fotocopiadora envía una solicitud de autenticación al punto de acceso

- 2.º El punto de acceso le responde con un texto cifrado y un vector de inicialización (elemento para encriptar)

- 3.º La fotocopiadora encripta el texto con la clave wep (clave secreta) y el vector. Se envía al punto de acceso

- 4.º El punto de acceso lo desencriptará y consultará si corresponde al texto cifrado original

Continúa en página siguiente >>

<< Viene de página anterior

- 5.º En caso de coincidir la fotocopiadora quedará conectada

- 6.º En caso contrario no será posible la conexión

A pesar de ser un estándar innovador en su momento, WEP presenta graves debilidades que lo hacen inadecuado frente a las amenazas actuales.

Los motivos de **debilitamiento del sistema WEP** como sistema seguro de redes inalámbricas son los siguientes:

Autenticación y encriptación débiles
- El uso de una clave compartida expone tanto la autenticación como el cifrado si un intruso la descubre.

Mensajes falsificables
- WEP permite a atacantes modificar mensajes fácilmente debido a su diseño vulnerable.

Claves repetitivas y de longitud insuficiente
- El tamaño limitado y la reutilización de claves comprometen la seguridad.

Cambio complicado de claves
- La dificultad para actualizar las claves desincentiva esta práctica esencial.

Algoritmos frágiles
- Los métodos de cifrado utilizados no son suficientemente robustos para garantizar la protección.

WEP. Ataques

Las redes protegidas únicamente con WEP son un objetivo fácil para los ciberdelincuentes, los cuáles emplean diferentes técnicas. Algunas de ellas son las siguientes:

- *Craking:* método específico para descifrar claves WEP y acceder a la red.
- **Espionaje:** permite a los atacantes interceptar y escuchar comunicaciones a través de redes mal protegidas.
- **Apropiación:** monitoreo de la red para acceder a documentos confidenciales de otros usuarios.
- *Stagefright:* VIRUS que se propaga entre usuarios conectados a la misma red wifi.
- *Rogue* **AP:** ataques que engañan a los usuarios para que se conecten a redes falsas y descarguen *malware.*

 CONSEJO

Aunque WEP ha sido reemplazado por protocolos más avanzados como WPA y WPA2, aún persiste en algunos entornos, exponiendo redes y usuarios a riesgos innecesarios. Los ciberdelincuentes, conscientes de estas vulnerabilidades, explotan las redes inalámbricas mal configuradas para realizar ataques sofisticados. Por ello, es necesario actualizar las redes inalámbricas para adoptar protocolos de seguridad modernos que ofrezcan mayor protección. Si aún utilizas WEP en tu infraestructura, considera migrar a WPA2 o WPA3 y aplicar medidas añadidas para reforzar la seguridad, como el monitoreo constante y la actualización periódica de claves. Es clave proteger los activos digitales y mantener la información a salvo.

Otros mecanismos de cifrado

La seguridad en redes inalámbricas bajo el estándar IEEE 802.11 ha evolucionado significativamente debido a las limitaciones iniciales de su protocolo de cifrado, WEP, que resultaba altamente vulnerable a ataques. Este avance busca ofrecer alternativas más seguras que minimicen los riesgos de intromisión y robo de datos.

Los principales mecanismos de cifrado, clasificados desde el nivel más bajo de seguridad hasta los más avanzados, son los siguientes:

- **WEP** *(wired equivalent privacy):* fue el primer protocolo de seguridad desarrollado para el estándar IEEE 802.11. Aunque en su momento representó un avance, hoy en día se considera obsoleto y altamente vulnerable. Su implementación sigue siendo riesgosa y no se recomienda su uso.
- **WPA** *(wifi protected access):* surgió como reemplazo del debilitado WEP, permitiendo a los usuarios conectarse mediante una clave compartida. Para entornos empresariales, **WPA-*Enterprise*** ofrece un nivel de seguridad superior al requerir la identificación individual de cada usuario conectado, lo que facilita rastrear responsabilidades en caso de acciones ilícitas.
- **WPA2** *(wifi protected access 2):* es la versión mejorada de WPA, con mayor robustez y totalmente compatible con él. En el ámbito empresarial, **WPA2-*Enterprise*** continúa siendo una de las opciones más fiables para garantizar la autenticación y seguridad de las redes corporativas.
- **TKIP y AES:** estos algoritmos ofrecen mayores garantías de seguridad. **AES** *(advanced encryption standard),* en particular, es ampliamente reconocido como uno de los métodos de cifrado más seguros en la actualidad.
- **WPA3:** la evolución más reciente en seguridad inalámbrica, WPA3, mejora sustancialmente los estándares previos al ofrecer mayor resistencia contra ataques de fuerza bruta, autenticación simplificada y protección más robusta incluso en redes abiertas.

NOTA

Todo evoluciona muy rápido, ya es posible hablar de una nueva opción de cifrado para proteger tu red inalámbrica WPA3.

TAREA 7

Cuando la empresa de zapatillas personalizadas Goon.com abrió su pequeña tienda en 2012, necesitaba un cierto renombre y reconocimiento entre su público

Continúa en página siguiente >>

<< Viene de página anterior

joven. Para ello, no dudó en ser el primer comercio que disponía de wifi gratuito para todos sus clientes. Desde ese momento y hasta la fecha, ha terminado siendo un punto de encuentro, hasta tal punto que han ampliado el negocio con una cafetería en el local de al lado.

Este negocio de éxito ha conseguido hacerse con una marca reconocida en todo el mundo y lo mejor es que aún lo han conseguido sin necesidad de recurrir al comercio *online*. Los motivos de éxito son:

* Zapatillas diseño personalizado bajo la filosofía diseñar-crear-hacer y llevar puestas.
* Punto de encuentro para jóvenes de todas las nacionalidades.
* Línea de fabricación exclusiva.
* Identificación de la marca a un grupo social.

La cuestión es que últimamente parece que muchos de estos jóvenes aprovechan esta infraestructura para *hackear* información de usuarios para luego hacer chantaje, desgraciadamente no ha sido el primer caso y la reputación del sitio corre cierto peligro.

En base a esto, deberás profundizar en materia de la seguridad en las redes inalámbricas, conocer el estándar inalámbrico 802.11 – WIFI y sus variables para ver qué opción es la más correcta, identificar las vulnerabilidades de las redes abiertas y valorar ataques a la seguridad en redes inalámbricas. Por último, deberás categorizar qué mecanismo de cifrado puede suponer una solución para este negocio.

4. Resumen

En la gestión de la seguridad en redes inalámbricas, destaca el papel de los estándares del protocolo IEEE 802.11, desde sus inicios hasta las mejoras recientes como WPA3, así como la gestión de las vulnerabilidades asociadas a redes abiertas y los riesgos de ataques cibernéticos más habituales. Es importante implementar soluciones de cifrado avanzadas y prácticas de seguridad esenciales, como la segmentación de redes, la autenticación personalizada y el monitoreo constante. Todo ello, para garantizar la protección de datos sensibles y la continuidad operativa en entornos corporativos.

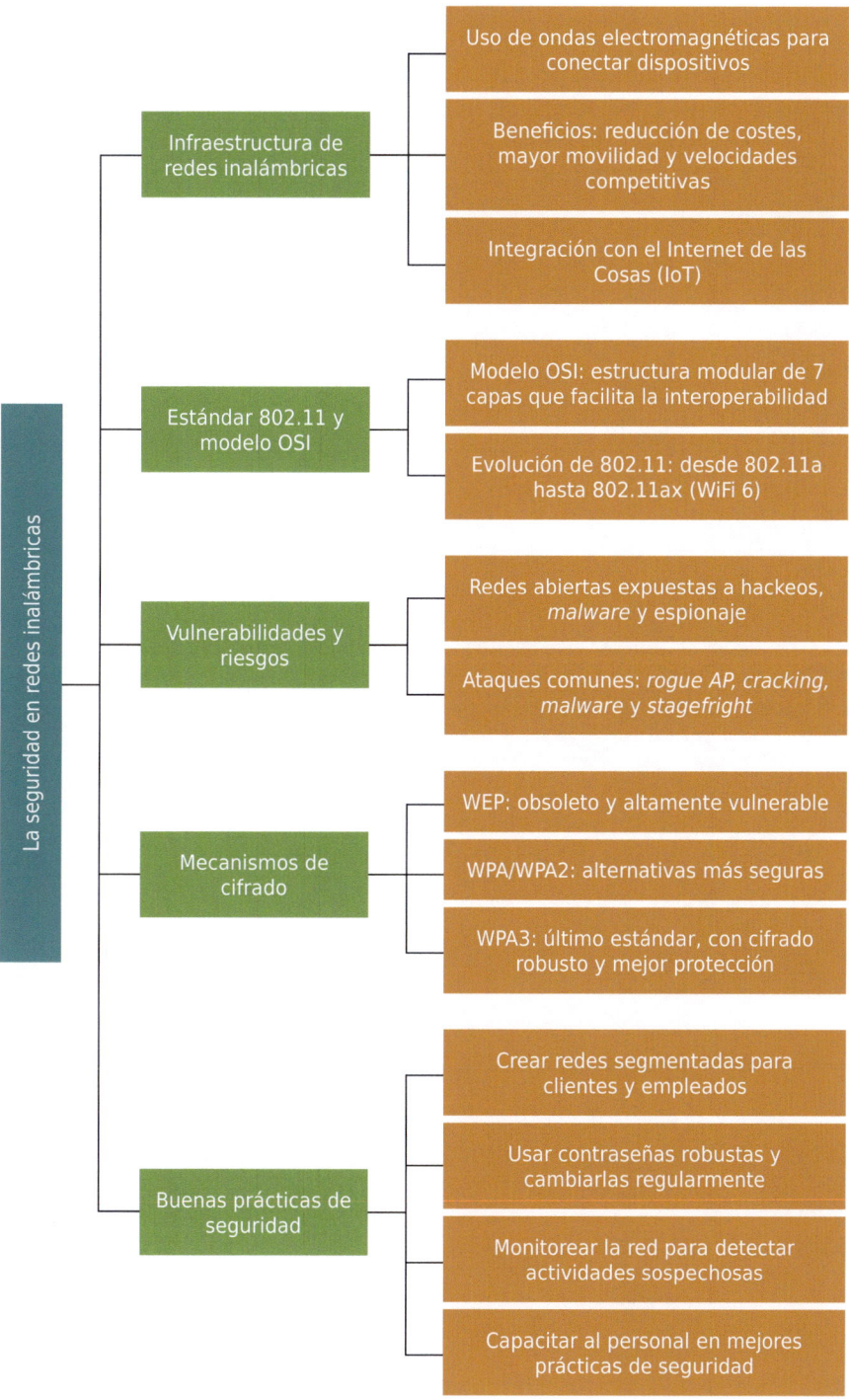

La seguridad en redes inalámbricas

Infraestructura de redes inalámbricas
- Uso de ondas electromagnéticas para conectar dispositivos
- Beneficios: reducción de costes, mayor movilidad y velocidades competitivas
- Integración con el Internet de las Cosas (IoT)

Estándar 802.11 y modelo OSI
- Modelo OSI: estructura modular de 7 capas que facilita la interoperabilidad
- Evolución de 802.11: desde 802.11a hasta 802.11ax (WiFi 6)

Vulnerabilidades y riesgos
- Redes abiertas expuestas a hackeos, *malware* y espionaje
- Ataques comunes: *rogue AP, cracking, malware* y *stagefright*

Mecanismos de cifrado
- WEP: obsoleto y altamente vulnerable
- WPA/WPA2: alternativas más seguras
- WPA3: último estándar, con cifrado robusto y mejor protección

Buenas prácticas de seguridad
- Crear redes segmentadas para clientes y empleados
- Usar contraseñas robustas y cambiarlas regularmente
- Monitorear la red para detectar actividades sospechosas
- Capacitar al personal en mejores prácticas de seguridad

Ejercicios de autoevaluación
Unidad de Aprendizaje 7

1. ¿Cuál es el principal objetivo de las redes inalámbricas en una empresa?

   a. Reducir los costes asociados a la implementación de redes físicas.
   b. Garantizar una transferencia segura y eficiente de datos en tiempo real.
   c. Eliminar la necesidad de routers en la conectividad.
   d. Sustituir completamente las redes alámbricas.

2. ¿Qué característica describe mejor al estándar IEEE 802.11?

   a. Conexiones solo mediante cables.
   b. Gestión de datos exclusivamente locales.
   c. Infraestructura inalámbrica estructurada en el modelo OSI.
   d. Uso limitado a redes domésticas.

3. ¿Cuál de los siguientes estándares pertenece a la familia IEEE 802.11?

   a. Wifi 7
   b. 802.11ax (WiFi 6)
   c. LTE Advanced
   d. Ethernet 5G

4. ¿Qué topología se caracteriza por conectar todos los dispositivos en una línea central?

   a. Malla
   b. Estrella
   c. Bus
   d. Anillo

5. ¿Cuál de los siguientes es un mecanismo de cifrado obsoleto?

   a. WPA3
   b. WPA2-*Enterprise*

c. TKIP
d. WEP

6. ¿Qué función realiza la capa de red en el modelo OSI?

a. Garantizar la encriptación y desencriptación de datos.
b. Gestionar el enrutamiento y entrega de datos entre redes.
c. Sincronizar los dispositivos conectados.
d. Establecer conexiones físicas entre nodos.

7. ¿Cuál es una vulnerabilidad típica de redes abiertas?

a. Alta velocidad de conexión.
b. Facilidad para ataques de tipo *Man in the Middle*.
c. Complejidad en la configuración.
d. Mayor coste de implementación.

8. ¿Qué significa SSID en el contexto de redes inalámbricas?

a. Sistema de seguridad inalámbrico dinámico.
b. Identificador del conjunto de servicios de una red WLAN.
c. Protocolo de conexión segura para redes wifi.
d. *Software* de supervisión de identidades digitales.

9. ¿Cuál es una de las mejoras que ofrece WPA3 frente a WPA2?

a. Mayor resistencia frente a ataques de fuerza bruta.
b. Incremento de la velocidad de transmisión.
c. Uso exclusivo en redes domésticas.
d. Sustitución del modelo OSI.

10. ¿Qué topología de red es ideal para empresas que necesitan una expansión flexible?

a. Árbol
b. Anillo
c. Bus
d. Estrella

Utilización de criptografía y criptoanálisis

Contenido

Objetivos

El objetivo general de esta Unidad de Aprendizaje es:

→ Abordar los elementos relativos al estudio de las complejas técnicas criptográficas y de criptoanálisis en un entorno de innovación tecnológica constante.

Los objetivos específicos de esta Unidad de Aprendizaje son:

→ Conocer los fundamentos básicos de la criptografía y criptoanálisis.

→ Identificar diferencias entre la criptografía clásica y la criptografía moderna.

→ Ejemplificar un esquema de cifrado de mensaje con clave pública y privada.

1. Introducción

En este nuevo paradigma empresarial donde el protagonista de valor es la información como principal activo de la empresa, requiere de técnicas avanzadas y cada vez más especializadas que aporten la seguridad digital para garantizar a la organización la tranquilidad de que sus activos están lo suficientemente protegidos.

El uso de la tecnología de la información en la empresa reporta innumerables beneficios, permitiendo a esta sobrevivir en un entorno global competitivo. Sin esta tecnología sería imposible predecir la intencionalidad de compra de un usuario, información esta que usa la empresa para dar instrucciones a su sistema de producción, ahorrando coste y aportando agilidad al proceso de elaboración del producto y cuya actividad puede estar condicionada simplemente por este dato.

Toda esta tecnología requiere de técnicas avanzadas que facilitan la comprensión para el usuario final de los datos recibidos a la par que son protegidos por un sistema de cifrado, pero como contrapartida, también evolucionan rápidamente las técnicas de análisis encargadas de averiguar las claves que protegen estos mensajes. Por todo ello, la ciencia de la criptografía y el estudio del **criptoanálisis** (desciframiento de los mensajes cifrados) son recursos imprescindibles para mantener el barco de la empresa a flote.

Para desarrollar este contenido, continuaremos explorando los acontecimientos en la empresa liderada por Ana. En esta ocasión, Ana está implementando un nuevo enfoque en las auditorías de seguridad, con el objetivo de evaluar la eficacia y robustez de los algoritmos criptográficos utilizados en las comunicaciones de su organización. Su meta es garantizar que estos algoritmos cumplan con los estándares más avanzados, asegurando la protección de la información sensible. Sin embargo, antes de avanzar, Ana debe profundizar en los fundamentos de la criptografía y el criptoanálisis para comprender plenamente su funcionamiento y aplicaciones en el contexto empresarial.

2. Criptografía y criptoanálisis: introducción y definición

☞ HILO CONDUCTOR

Después de implementar estrategias sólidas de seguridad en su empresa, Ana decidió abordar un aspecto clave en la protección de información: la criptografía y el criptoanálisis. Consciente de la creciente sofisticación de los ciberataques, Ana entendió que era vital asegurar la confidencialidad, integridad y autenticidad de los datos sensibles a través de técnicas avanzadas de cifrado.

En el contexto de la ciberseguridad es clave entender los conceptos y las aplicaciones de la **criptografía** y el **criptoanálisis.**

Sin embargo, en origen ambos conceptos no tienen nada que ver con la informática, ni mucho menos con la tecnología de la información que ahora conocemos.

Las técnicas de mensajes cifrados ya eran utilizadas desde tiempos remotos.

Tanto la **criptografía** como el **criptoanálisis** son considerados ciencias que engloban y estudian técnicas relativas a la seguridad en la comunicación. Hoy contamos con la criptografía moderna que brinda aplicaciones para la seguridad informática y de la información.

SABÍAS QUE...

La ciencia tecnológica que engloba ambas prácticas se llama *criptología*.

No obstante, cada uno de los conceptos nombrados, persigue un objetivo diferente, que en el caso de la criptografía y el criptoanálisis son totalmente opuestos.

Las definiciones que permiten establecer diferencias entre estos términos son:

Criptología	- La criptología es la didáctica encargada del estudio de la comunicación secreta.
Criptografía	- Es una ciencia más especializada que estudia el conjunto de propiedades ocultas de un mensaje cifrado para proteger la información que contiene, aportando seguridad a este intercambio de comunicación entre emisores y receptores. La criptografía representa el conjunto de técnicas utilizadas para codificar información, de modo que solo quienes poseen las claves necesarias puedan acceder a ella. Esta práctica protege la información durante su transmisión o almacenamiento, impidiendo que sea entendida por terceros no autorizados.
Criptoanálisis	- Por el contrario, el criptoanálisis engloba estudios orientados a determinar el significado real de la información transmitida en estos mensajes. Descubre el protocolo seguido sin autorización. El criptoanálisis se enfoca en la evaluación y ruptura de sistemas de cifrado, con el objetivo de identificar vulnerabilidades antes de que sean explotadas por agentes maliciosos.

Aunque la criptología, criptografía y el criptoanálisis son vocablos cuyos orígenes son remotos, hoy en día han cobrado especial relevancia en esta era tecnológica y de la información.

PARA SABER MÁS

Para saber más sobre los comienzos de las técnicas que enmarcan la criptología, escucha en el siguiente audio cómo fueron esas primitivas metodologías orientadas al cifrado y descifrado de mensajes. Como comprobarás, esta ciencia en sus inicios nada tenía que ver con la informática, sin embargo, su utilidad y eficiencia han sido adoptadas por las tecnologías más avanzadas de seguridad informática que actualmente conocemos. Accede desde aquí.

https://redirectoronline.com/ifct1160801

La criptografía tuvo sus orígenes muchos siglos atrás. Ya en la época egipcia la elaboración de los **jeroglíficos** aplicaban estas **técnicas criptográficas.**

En los jeroglíficos egipcios ofrecían técnicas desarrolladas de criptografía.

También en época de los romanos, y más concretamente en época del César, allá por el siglo 58 a. C., se dispuso de un código de cifrado basado en el alfabeto y que utilizaba el ejército romano como arma de comunicación.

2.1. Cifrado y descifrado

El factor determinante por el que emerge la criptografía no es otro que por motivos bélicos. La necesidad imperiosa de dar privacidad a esa comunicación militar ha llevado a que las técnicas más avanzadas del pasado sean trasladadas al actual presente. Es público que las cuestiones de seguridad de la información, han sido, son y serán, lideradas en el ámbito militar.

Gracias a la criptografía existía una comunicación secreta que instruía al ejército en el campo de batalla.

NOTA

Es precisamente la base de esta filosofía militar, la que concede enorme valor a la criptografía. Se hace imprescindible para dotar a un sistema de información de atributos clave como son los principios de la seguridad: integridad, disponibilidad y confidencialidad.

La democratización tecnológica, y más concretamente la aparición y uso de internet por la ciudadanía en general, ha hecho que la criptografía siga aportando elementos de seguridad a todo el caudal de datos privados que se procesan a cada instante.

La criptografía está muy presente en mucho de los gestos de consumo diario.

- Compras y devoluciones por internet y en comercios locales.
- Banca electrónica.
- Certificaciones digitales / Firma digital.
- Internet de las cosas, etc.

Al sumergirnos en el mundo de la criptografía, es fácil descubrir un conjunto de mecanismos o procedimientos que engloba la esencia de la seguridad de datos, encontrando maniobras de **cifrado** y de **descifrado.**

Estos mecanismos son los siguientes:

Cifrado	Descifrado
- Es el método de la criptografía mediante el cual es posible ampliar la seguridad de la información expresada en un texto plano, archivo, etc. Esto se lleva a cabo por medio de códigos, de tal forma que solo sea posible su comprensión por parte del usuario autorizado.	- Es el conjunto de técnicas que se aplican para conseguir dar lectura o significado a mensajes o contenidos codificados (anteriormente cifrados).

A continuación, se esquematiza una práctica habitual donde se aplican técnicas de cifrado y descifrado, como es la lectura de un correo electrónico:

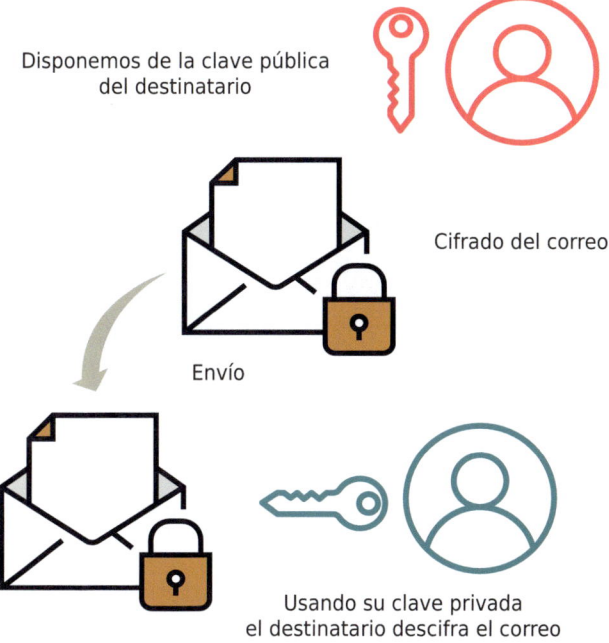

Disponemos de la clave pública del destinatario

Cifrado del correo

Envío

Usando su clave privada el destinatario descifra el correo

Representación de cifrado y descifrado de un mensaje de correo electrónico.

Ambas técnicas (cifrado y descifrado) tratan de enmascarar y desenmascarar un código oculto del mensaje que el emisor pretende comunicar al receptor. La idea es que la información transmitida viaje del emisor al receptor y solo sea comprensible para quien disponga de la **fórmula** para descifrar el mensaje (usuario autorizado), aportando privacidad que la información requiere.

NOTA

Actualmente, gracias a estas técnicas de cifrado es posible que infinidad de transacciones electrónicas fluyan de un lugar a otro otorgando la seguridad requerida para hacer fiable estas comunicaciones.

Continúa en página siguiente >>

<< Viene de página anterior

Un buen ejemplo de comunicación electrónica con un alto grado de fiabilidad gracias a técnicas criptográficas, es aquella en la que se utiliza la firma electrónica a través del certificado digital.

Los **algoritmos** juegan un papel fundamental en los procedimientos criptográficos.

 DEFINICIÓN

Algoritmo
Serie de movimientos lógicos y encadenados que llevan a la resolución de una dificultad.

Desde el enfoque de la criptografía, el algoritmo es el mecanismo que transforma los datos originales en un mensaje cifrado, pasando a denominarse **algoritmo criptográfico.**

La siguiente clasificación determina dos métodos criptográficos diferentes en base al algoritmo criptográfico utilizado:

Criptografía simétrica	- Es un procedimiento criptográfico a través del cual se utiliza una misma clave para cifrar y descifrar mensajes. Tanto el emisor del mensaje como el receptor del mismo deben conocer de antemano la clave que les permitirá cifrar y descifrar.
Criptografía asimétrica	- Es un procedimiento criptográfico través del cual se utiliza dos claves diferentes para enviar mensajes. Una de estas claves será pública, mientras que la otra será privada, de tal manera que, cuando el receptor quiera descifrar el contenido del mismo, tendrá que haber recibido previamente las claves del emisor. Estas claves se generan una única vez, por lo que hace que este método sea más seguro.

VÍDEO

En este vídeo podrás escuchar la explicación sobre los diferentes tipos de algoritmos criptográficos donde aclara las diferencias entre criptografía simétrica y criptografía asimétrica. Accede desde aquí.

https://redirectoronline.com/ifct1160802

✏️ ACTIVIDAD COMPLEMENTARIA

8. Tras haber visionado la explicación anterior sobre las principales diferencias entre la criptografía simétrica y asimétrica, busca en internet un ejemplo de cada una de ellas.

2.2. Ejemplo de cifrado: relleno de una sola vez y criptografía clásica

Siguiendo con la estela de seguridad que persigue la criptografía, hay que destacar que esta ciencia se fundamenta en estos dos principios básicos:

Redundancia	Temporalidad
- Este principio pretende evitar o detectar ataques criptográficos utilizando técnicas de criptoanálisis. Esto es posible gracias al aporte de redundancia (uso reiterado de códigos) al contenido de la información transmitida.	- Igualmente, este principio pretende complicar el objetivo de los criptoanalistas determinando un intervalo temporal para la lectura de los mensajes cifrados.

Dentro de la complejidad inherente a los algoritmos criptográficos utilizados para cifrar información, es fundamental entender las diferencias entre las principales metodologías de cifrado. A continuación, se presentan tres ejemplos clave, cada uno de los algoritmos con características distintivas que reflejan su evolución y aplicabilidad:

⮑ **Relleno de una sola vez:** esta metodología de cifrado, conocida como *One-Time Pad*, considerada una de las más seguras, se basa en los siguientes pasos:

1. Generar una clave aleatoria.
2. Convertir el mensaje en una secuencia de bits.
3. Realizar un cálculo XOR entre la clave y el mensaje.

⮑ **Bits:** unidad de medida de información en computación, que representa una elección entre dos opciones con igual probabilidad.

⮑ **XOR:** operación lógica que evalúa dos bits y determina que uno es verdadero solo si ambos no son iguales.

Como ventaja, la seguridad de este cifrado es prácticamente inquebrantable si la clave se mantiene secreta y no se reutiliza.

La desventaja que presenta es que el emisor y receptor deben manejar exactamente la misma clave secreta, y cualquier desincronización de bits puede alterar por completo el mensaje.

⮑ **Criptografía clásica:** antes de la aparición de los ordenadores, este tipo de criptografía dominaba el campo de la seguridad de la información. Los algoritmos clásicos son simples y simétricos, lo que facilitaba tanto su aplicación como su vulnerabilidad al criptoanálisis una vez que la informática se desarrolló.

Tipos de cifrado clásico:

◑ **Cifrado por trasposición:** reorganiza los caracteres del mensaje según un patrón predefinido.

◑ **Cifrado por sustitución:** sustituye cada carácter del mensaje original por otro según un sistema definido.

➲ **Criptografía moderna:** esta metodología mejora significativamente a la criptografía clásica al utilizar algoritmos complejos y de mayor longitud, lo que dificulta enormemente el criptoanálisis.

Características principales:

◑ Algoritmos diseñados para generar grandes cantidades de texto cifrado.

◑ Mayor seguridad frente a ataques gracias a la complejidad de los cálculos.

NOTA

La criptografía moderna sigue evolucionando para afrontar las amenazas más avanzadas, integrando técnica como cifrada asimétrica y algoritmos de clave pública.

- -

Cifrado

Primer paso
- Se elige al azar una cadena de *bits* = clave

Segundo paso
- Se selecciona el texto normal que se quiere enviar

Tercer paso
- Se le aplica al texto seleccionado la clave mediante el proceso XOR *(Bit a Bit)*

Continúa en página siguiente >>

<< Viene de página anterior

Descifrado

Primer paso

- Se vuelve a aplicar el proceso XOR a la misma cadena de *bits*

Segundo paso

- Se selecciona el texto cifrado que se quiere recibir

Tercer paso

- Se obtiene el texto normal o mensaje descifrado

Proceso de cifrado y descifrado utilizando el algoritmo de relleno de una sola vez. En el cifrado, se selecciona al azar una clave (cadena de bits) que se combina con el texto normal mediante el proceso XOR, generando un mensaje cifrado. Para descifrar, se aplica nuevamente XOR a la misma clave y el texto cifrado, recuperando el mensaje original. Este método requiere sincronización entre el emisor y receptor para garantizar que no falte ningún bit en la transmisión.

Dentro de las desventajas que puede presentar el algoritmo relleno de una sola vez, es la necesidad que requiere del buen entendimiento entre las figuras de emisor y receptor de mensaje, ya que ambos deben manejar la misma clave secreta *(bits)*.

NOTA

En la transmisión del texto mediante este algoritmo de relleno de una sola vez, la sincronización entre el emisor y receptor no debe faltar ningún bit, si esto se produjera quedaría totalmente alterado el mensaje.

Ejemplo de algoritmo criptográfico relleno de una sola vez.

Se escoge una cadena como clave secreta, por ejemplo "En un lugar d...", y se va aplicando la función XOR sobre el texto normal a cifrar, *bit* a *bit*.

Continúa en página siguiente >>

<< Viene de página anterior

Texto normal o mensaje P="texto cifrado"

Cadena de cifrado "En un lugar de la Mancha de cuyo nombre…"

Texto original	t	e	x	t	o		c	i	f	r	a	d	o
Codificación ASCII (hex)	74	65	78	74	6F	20	63	69	66	72	61	64	6F
Cadena de cifrado	E	n		u	n		l	u	g	a	r		d
Codificación ASCII (hex)	45	6E	20	75	6E	20	6C	75	67	61	72	20	64
Codificación cifrada (hex)	*31*	*0B*	*58*	*01*	*01*	*00*	*0F*	*1C*	*01*	*13*	*13*	*44*	*08*

0x74 XOR 0x45=0111 0100 XOR 0100 0101=**0011 0001=0x31**

Para el descifrado, simplemente volvemos a aplicar con XOR la misma cadena de cifrado.

En la **criptografía clásica,** los algoritmos criptográficos se distinguen por ser de naturaleza simétrica, es decir, utilizan la misma clave para cifrar y descifrar la información. A continuación, se presenta un esquema que ilustra los dos principales tipos de cifrado en esta categoría:

➲ Cifrado por **Trasposición**
➲ Cifrado por **Sustitución**

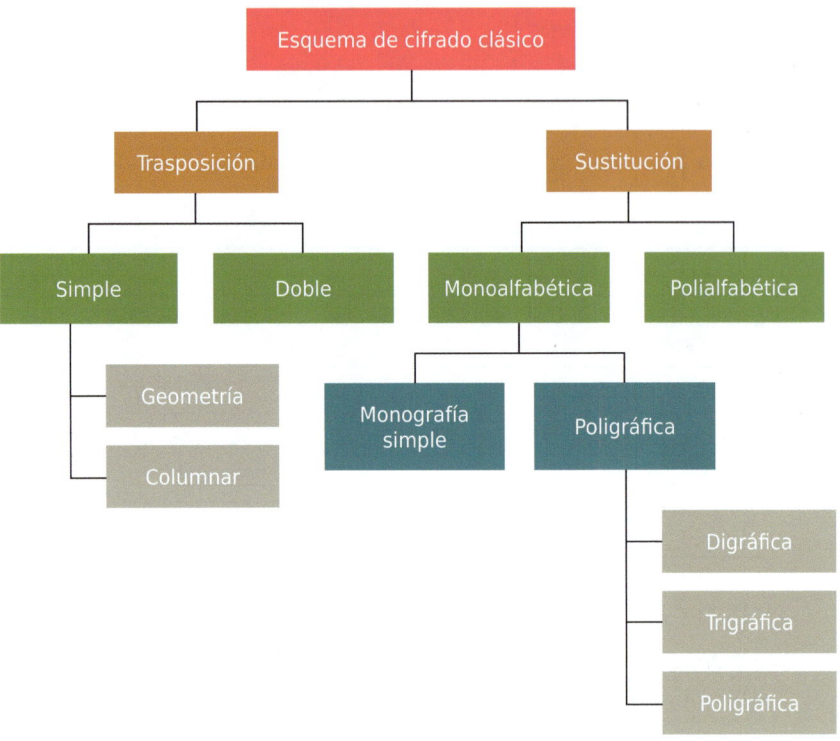

Adaptación del esquema básico de nomenclatura del cifrado clásico
Fuente: http://www.criptohistoria.es/files/cifras.pdf

El **cifrado por transposición** consiste en seleccionar una palabra clave del texto que no tenga repetida ninguna letra. El cifrado por transposición reordenará las letras del texto normal en función a la clave elegida (palabra seleccionada).

EJEMPLO

En este ejemplo, aprenderás a enviar mensajes cifrados con este método.

*Texto normal: "Mañana voy a la playa" (se selecciona el texto que queremos enviar)

**Clave: voy

Continúa en página siguiente >>

<< Viene de página anterior

1. Elegimos una palabra del texto que no se repita ninguna letra. Será la clave.
2. Escribimos horizontalmente nuestra palabra clave = VOY.
3. Justo debajo de cada letra de la palabra clave, asignaremos una cifra comenzando por el n.º 1 y la pondremos debajo de columna de la letra más cercana al inicio del alfabeto O=1 V=2 Y=3.
4. Posteriormente, escribiremos el texto normal con sus espacios incluidos de manera horizontal distribuido en filas.
5. Ya tenemos el texto cifrado. Para leerlo, solo tendrás que leer por columnas comenzando por la columna cuyo número sea el n.º 1.

V	O	Y
2	1	3
M	A	Ñ
A	N	A
V	O	
Y	A	
L	A	
P	L	A
Y	A	

**Texto cifrado: ANV ALA MA YLPY ÑAOA A

APLICACIÓN PRÁCTICA

Carlos está trabajando en el departamento de informática junto con diez compañeros y a su jefe no se le ha ocurrido otra cosa para incentivar cada formación que reciben, poner a prueba los conocimientos adquiridos. Para ello, ha entregado una nota en la que se informa a todo el personal del departamento, que quien sepa cifrar en el menor tiempo posible el siguiente texto tendrá una pequeña recompensa de un día de vacaciones pagadas.

<< *Prueba conseguida*>>

Continúa en página siguiente >>

<< Viene de página anterior

¿Podrías ayudar a Carlos a cifrar este mensaje?

Solución

Texto normal: Prueba conseguida

Palabra clave: Prueba

P R U E B A

4 5 6 3 2 1

P R U E B A

  C O N S E

G U I D A

En el caso del **cifrado por sustitución,** un algoritmo criptográfico clásico, cada letra del mensaje original se reemplaza por otra según una clave pre-definida, pero el orden del texto original se mantiene. Este enfoque permite transformar el mensaje en un texto cifrado.

Las principales modalidades de cifrado por sustitución son las siguientes:

Monoalfabéticos	- En este tipo de cifrado, se utiliza un único alfabeto reorganizado. Cada letra del texto original es sustituida por la letra correspondiente en el alfabeto desordenado (clave secreta), manteniendo el orden del mensaje inicial.
Polialfabéticos	- A diferencia del cifrado monoalfabético, aquí se emplean múltiples alfabetos desordenados, lo cual aumenta significativamente la complejidad del cifrado.

 **PARA SABER MÁS**

Uno de los ejemplos más representativos de cifrado polialfabético es el *Cifrado de Vigenère*, que combina varias claves en su metodología. Si deseas conocer más sobre este fascinante sistema o practicar su uso, puedes explorar los recursos disponibles en el enlace proporcionado. Accede a dicho ejemplo desde aquí.

https://redirectoronline.com/ifct1160803

2.3. Ejemplo de cifrado: criptografía moderna

Los avances tecnológicos y la exposición de las vulnerabilidades en los sistemas criptográficos clásicos han dado paso a un enfoque más robusto en la criptografía moderna. Este nuevo paradigma se centra en aumentar la complejidad de los algoritmos para fortalecer la seguridad. Aunque basada en los principios de la criptografía clásica, la criptografía moderna introduce diferencias significativas en los tipos de cifrado.

En la actualidad, se emplean estos dos enfoques principales para tratar el texto original:

Cifrado de bloque
- Este método utiliza unidades de cifrado divididas en bloques de tamaño fijo (en *bits*). Cada bloque es cifrado mediante una clave simétrica que asegura la coherencia y la seguridad del mensaje.

Cifrado en flujo
- Este enfoque se aplica en tiempo real para flujos continuos de datos, como voz o audio (por ejemplo, en telefonía o altavoces). El cifrado en flujo permite asegurar comunicaciones dinámicas y fluidas.

Dependiendo de cómo se estructuren los bloques en el mensaje cifrado, existen las siguientes variantes:

- **DES:** DES *(data encryption standard)* utiliza una clave de 56 *bits* para codificar y descodificar mensajes en bloques de 64 *bits.* Este proceso incluye 19 iteraciones, aunque su uso ha disminuido debido a avances en la criptografía.
- **IDEA:** IDEA *(international data encryption algorithm)* emplea una clave más larga, de 128 *bits,* y reduce el número de iteraciones a 8. Este algoritmo genera claves derivadas distintas para cifrar y descifrar, aumentando la seguridad del proceso.
- **RSA:** RSA *(rivest-shamir-adleman)* es uno de los algoritmos más utilizados en la actualidad. Se basa en la factorización de números enteros y utiliza un esquema de clave pública y privada. El emisor cifra el mensaje con la clave pública del receptor, mientras que este lo descifra con su clave privada, garantizando la confidencialidad y autenticidad de la información.

La criptografía moderna, con sus avanzados algoritmos y métodos de cifrado, es esencial para proteger los datos en el contexto tecnológico actual, garantizando comunicaciones seguras y resistentes a los ciberataques.

🎥 VÍDEO

En este vídeo, explorarás el origen y el funcionamiento del reconocido algoritmo RSA, uno de los pilares de la criptografía moderna. Aprende cómo este método asegura la confidencialidad y autenticidad de la información mediante el uso de claves públicas y privadas. Accede desde aquí.

https://redirectoronline.com/ifct1160804

Con los avances en tecnología, especialmente en la información y comunicación, surgen nuevas demandas de seguridad para las conversaciones habladas. El **cifrado en flujo** responde a estas necesidades, ofreciendo garantías para proteger la voz en tiempo real, como en llamadas telefónicas o dispositivos de audio conectados. Sin embargo, debido a su naturaleza, este tipo de cifrado es más susceptible a ataques.

 VÍDEO

Con este vídeo, conocerás los principales algoritmos que hacen posible el cifrado de mensajes de voz y cómo garantizan la seguridad de las comunicaciones. Accede desde aquí.

https://redirectoronline.com/ifct1160805

2.4. Comentarios sobre claves públicas y privadas: sesiones

En criptografía, el uso de claves públicas y privadas forma parte del enfoque asimétrico. Este método emplea dos claves diferentes para cifrar y descifrar mensajes, aumentando la seguridad. Ambas claves se generan una sola vez, lo que dificulta que diferentes usuarios accedan a ambas.

Para agilizar este proceso, a menudo se combina el cifrado asimétrico con el simétrico, mediante el uso de claves de sesión. Estas claves se generan de forma aleatoria y se utilizan para cifrar mensajes. Posteriormente, la clave de sesión se cifra con la clave pública del receptor antes de enviar ambos elementos (mensaje cifrado y **clave de sesión).** Esto permite al receptor descifrar el mensaje con rapidez y seguridad.

 **DEFINICIÓN**

Clave de sesión

Una clave de sesión es un procedimiento criptográfico que combina técnicas de cifrado simétrico y asimétrico para garantizar la seguridad y eficiencia en la transmisión de mensajes.

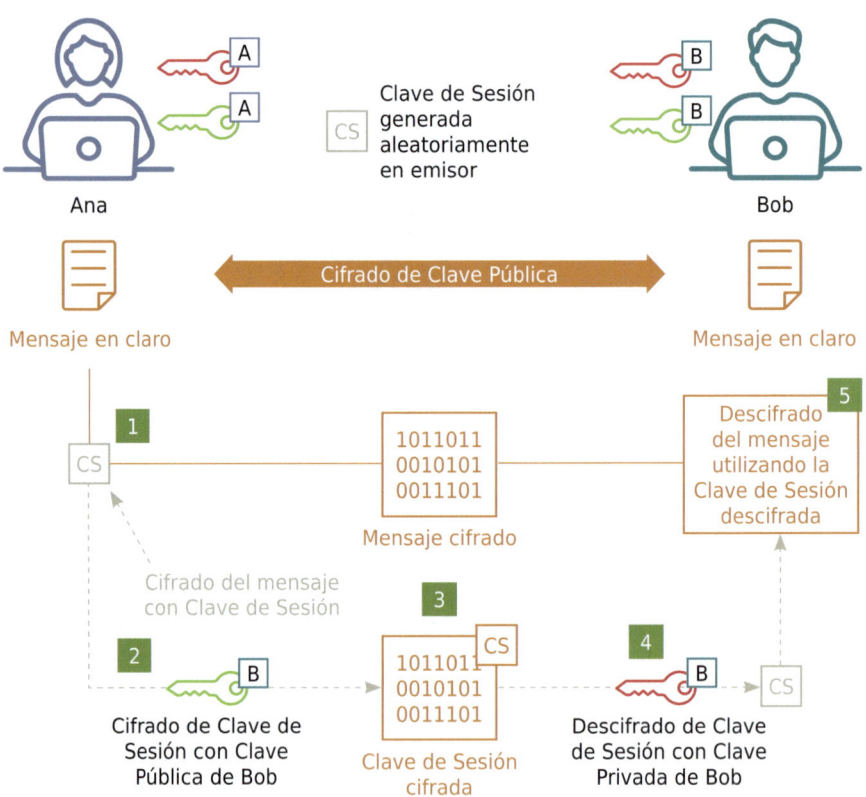

Ejemplo de algoritmo de cifrado con clave pública y clave simétrica

SABÍAS QUE...

La alternancia de claves simétricas y asimétricas mejora significativamente la seguridad al agilizar tiempos de transmisión y reducir las oportunidades para ataques de criptoanálisis.

Envío del mensaje

- 1. Se elige el mensaje

- 2. Se recupera la clave pública del receptor

- 3. Se genera la clave de sesión de un uso

- 4. Se descifra el mensaje con la clave de sesión

- 5. Se cifra la clave de sesión con la clave pública del receptor

- 6. Se envía la clave de sesión + mensaje cifrado

- 7. Mensaje listo para enviar

Recepción del mensaje

- 1. Llegada del mensaje

- 2. Recuperación de clave de sesión + mensaje cifrado

- 3. Recuperación clave privada del receptor

- 4. Se descifra la clave de sesión con la clave privada del receptor

- 5. Se descifra el mensaje con la clave de sesión

- 6.El receptor recibe el mensaje de cifrado

Las imágenes anexas ilustran el proceso de cifrado y descifrado con claves de sesión, mostrando cómo se garantiza una transmisión eficiente y segura de los mensajes.

TAREA 8

Martina inicia en este curso escolar su primera experiencia como docente en un ciclo de formación profesional de sistema informático y electrónica. En su afán por preparar de manera más efectiva la programación didáctica, decide elaborar un mapa conceptual de los aspectos más importantes de cada unidad. Cuando llega a la Unidad denominada "Criptografía y criptoanálisis" tiene algunas dificultades para plantearla.

En base a esto, deberás, ayudar a Martina a elaborar tres mapas conceptuales donde se expongan:

- Los fundamentos básicos de la criptografía y criptoanálisis.
- La identificación de las diferencias entre la criptografía clásica y la criptografía moderna.

3. Resumen

La criptografía y el criptoanálisis modernos han evolucionado significativamente para responder a las crecientes amenazas de seguridad en la era digital. Mientras que la criptografía se enfoca en proteger la confidencialidad, integridad y autenticidad de la información mediante algoritmos avanzados, el criptoanálisis busca identificar y mitigar vulnerabilidades en estos sistemas. Entre los avances más destacados en criptografía moderna se encuentran:

Criptografía asimétrica
- Con la introducción de claves públicas y privadas que permiten una comunicación segura y eficiente, como en el algoritmo RSA.

Criptografía asimétrica cifrado de bloque y flujo
- Con técnicas que optimizan la seguridad en la transmisión de datos en tiempo real o en bloques, como DES e IDEA.

Clave de sesión
- Con la combinación de criptografía simétrica y asimétrica para garantizar una transmisión más ágil y segura.

Por su parte, el criptoanálisis ha desarrollado herramientas más sofisticadas para evaluar la robustez de los algoritmos, garantizando que cumplan con los estándares de seguridad más avanzados. Estos avances son esenciales para proteger datos sensibles en un entorno global interconectado.

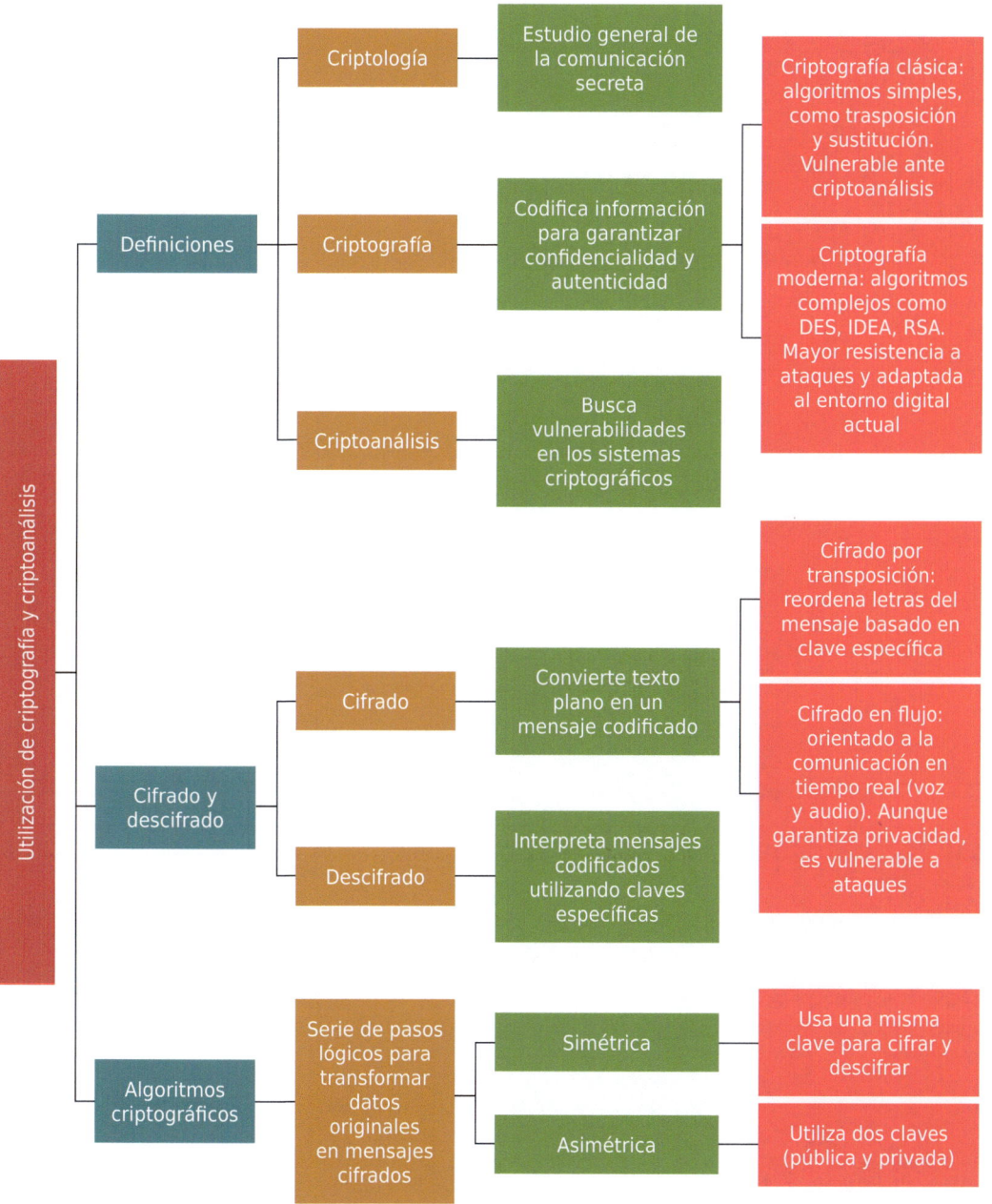

Ejercicios de autoevaluación
Unidad de Aprendizaje 8

1. ¿Cuál es el objetivo principal de la criptografía?

    a. Compartir información pública.
    b. Proteger información mediante técnicas de cifrado.
    c. Garantizar la confidencialidad de los datos.
    d. Aumentar la velocidad de transmisión.

2. ¿Qué significa el concepto de criptoanálisis?

    a. Análisis del uso de claves privadas.
    b. Descifrar mensajes sin conocer la clave utilizada.
    c. Identificar vulnerabilidades en sistemas de cifrado.
    d. Monitorear la transmisión de datos cifrados.

3. ¿Qué ciencia engloba tanto la criptografía como el criptoanálisis?

    a. Cibernética
    b. Criptología
    c. Algoritmia avanzada
    d. Seguridad informática

4. ¿Qué principio básico de la criptografía busca detectar o evitar ataques criptográficos?

    a. Temporalidad
    b. Redundancia
    c. Cifrado simétrico
    d. Integridad

5. ¿Qué caracteriza a la criptografía clásica?

    a. Uso de múltiples claves públicas.
    b. Algoritmos complejos y largos.
    c. Algoritmos sencillos y simétricos.
    d. Exclusiva aplicación en sistemas informáticos.

6. ¿Qué ventaja ofrece el cifrado de "relleno de una sola vez"?

    a. Su algoritmo simétrico es simple.
    b. Es considerado inquebrantable si la clave no se reutiliza.
    c. Puede usarse sin necesidad de clave.
    d. No requiere sincronización entre emisor y receptor.

7. ¿Cuál es una de las desventajas del algoritmo de "relleno de una sola vez"?

    a. Requiere claves públicas y privadas.
    b. La sincronización entre emisor y receptor es crítica.
    c. No garantiza la confidencialidad del mensaje.
    d. Es fácilmente descifrable con herramientas modernas.

8. ¿Qué diferencia a la criptografía moderna de la clásica?

    a. El uso exclusivo de claves públicas.
    b. La generación automática de claves privadas.
    c. La complejidad y longitud de los algoritmos.
    d. La dependencia de claves compartidas.

9. ¿Qué protocolo se utiliza comúnmente para proteger comunicaciones en internet mediante cifrado?

    a. IPSec
    b. DES
    c. RSA
    d. IDEA

10. ¿Qué función cumple el componente ESP dentro del protocolo IPSec?

    a. Proporcionar integridad al mensaje.
    b. Verificar la identidad del emisor.
    c. Garantizar confidencialidad y autenticación de datos.
    d. Generar claves públicas automáticamente.

Implementación de autentificación

Contenido

Objetivos

El objetivo general de esta Unidad de Aprendizaje es:

→ Conocer los procesos de autenticación, como medio para someter la identidad de un posible usuario a las pruebas necesarias para autorizar y confirmar el acceso a recursos.

Los objetivos específicos de esta Unidad de Aprendizaje son:

→ Definir el concepto de autenticación.

→ Enumerar los beneficios que aporta la autenticación.

→ Identificar los protocolos más importantes de autenticación.

1. Introducción

En el mundo físico, la identificación de las personas se realiza fácilmente mediante documentos acreditativos como el DNI o el pasaporte, independientemente de la nacionalidad o el país en el que se encuentren. Sin embargo, en el espacio cibernético, la verificación de identidad plantea desafíos mucho más complejos. El robo y la suplantación de identidad son problemas críticos en este nuevo paradigma social y económico, donde la interconectividad permite millones de interacciones en el ciberespacio cada segundo.

Consciente de estos riesgos, Ana, como directora de TI en su consultoría tecnológica, abordó el desarrollo de un sistema sólido de autenticación como una medida clave para verificar que cada usuario conectado sea realmente quien dice ser. A través de la implementación de métodos avanzados de validación, incluyendo autenticación multifactorial y herramientas de gestión de identidades, Ana garantizó un entorno seguro para sus empleados y clientes, cerrando con éxito su estrategia de seguridad integral.

2. Validación de identificación en redes

☞ HILO CONDUCTOR

Como parte final de su estrategia integral de seguridad, Ana centró sus esfuerzos en implementar sistemas robustos de validación de identificación en las redes de su empresa. Optó por soluciones avanzadas de autenticación multifactorial (MFA), combinando credenciales tradicionales con métodos biométricos y *tokens* digitales. Este enfoque no solo fortaleció la protección contra accesos no autorizados, sino que también garantizó que cada conexión estuviera vinculada a usuarios verificados. Con esta última medida, Ana cerró el ciclo de seguridad, dejando a su organización preparada para enfrentar desafíos futuros en un entorno digital cada vez más complejo.

La **validación de identificación en redes** es un proceso fundamental para garantizar que los usuarios que acceden a sistemas digitales sean quienes afirman ser. En un entorno cibernético donde el robo y la suplantación de identidad son amenazas constantes, esta validación se convierte en una barrera esencial para proteger los datos sensibles y prevenir accesos no autorizados. La **autenticación** es el mecanismo que respalda este proceso, actuando como un filtro que verifica la identidad del usuario mediante diferentes métodos, como contraseñas, biometría o autenticación multifactorial.

 **NOTA**

Mientras la identificación se centra en declarar quién es un usuario, la autenticación confirma que esa declaración es legítima, proporcionando una capa adicional de seguridad en la interacción con redes y sistemas. Así, la combinación de ambos conceptos permite construir un entorno más confiable en el ciberespacio, protegiendo tanto a usuarios como a organizaciones.

La autenticación es un componente esencial en la protección de sistemas informáticos y redes empresariales. En un entorno donde la información es uno de los activos más valiosos, este proceso no solo impide accesos no autorizados, sino que también garantiza la seguridad en las conexiones y el uso responsable de los recursos empresariales.

Además, la **autenticación cumple con objetivos** que van más allá de la mera protección técnica: fomenta la concienciación de los usuarios sobre los riesgos de las conexiones inseguras y permite un control detallado de las actividades realizadas en los sistemas. Gracias a esto, las empresas pueden salvaguardar tanto la información sensible como los recursos accesibles desde dispositivos externos, asegurando un entorno más seguro y confiable para su operación diaria.

Objetivos de la autenticación

Evita los accesos no autorizados	Aumenta la protección	Aporta seguridad en la conexión
Controla la huella digital	Elemento de concienciación frente a la seguridad	Protege el acceso mediante dispositivos no corporativos

El acceso a una red depende del tipo de identificación requerido. Según el nivel de autenticación, las redes pueden clasificarse en las siguientes categorías:

Pública	Privada
- Este tipo de red tiene un carácter abierto, lo que significa que permite el acceso a cualquier usuario sin necesidad de validación o autenticación. Aunque resulta conveniente para el usuario, presenta mayores riesgos de seguridad, ya que no se garantiza la identidad de los conectados ni se limita su acceso.	- El acceso a una red privada está restringido y requiere que los usuarios se autentiquen mediante claves de acceso, como nombres de usuario y contraseñas, o mediante otros sistemas de validación más avanzados, como autenticación multifactorial o biometría. Este enfoque garantiza que solo usuarios autorizados puedan acceder a la red y a sus recursos.

NOTA

El proceso de validación es un elemento clave que determina el nivel de seguridad de la red. Las redes públicas, al no contar con autenticación, son más vulnerables a intrusiones y riesgos cibernéticos, mientras que las redes privadas, al exigir validación, protegen mejor la información y los sistemas que alojan.

En el ámbito de la seguridad informática empresarial, es fundamental diseñar un **sistema de red** que no solo informe sobre los usuarios que acceden a ella, sino que también asigne atributos específicos de uso y acceso a la red corporativa para cada uno de ellos. Este enfoque garantiza un control exhaustivo de quién accede y cómo utiliza los recursos digitales de la organización. Además, no todos los colaboradores dentro de una empresa poseen los mismos niveles de acceso ni autorizaciones. Este principio asegura que cada usuario solo acceda a la información y recursos necesarios para cumplir con sus responsabilidades, minimizando los riesgos de seguridad.

En una organización, los atributos y permisos de uso en la red corporativa varían según el rol del usuario, asegurando un acceso controlado y seguro.

La acreditación de usuarios, como parte esencial del proceso de validación, permite que solo los usuarios autorizados accedan a la información de la compañía.

Descubre cómo es este proceso que se basa en estos tres pasos clave:

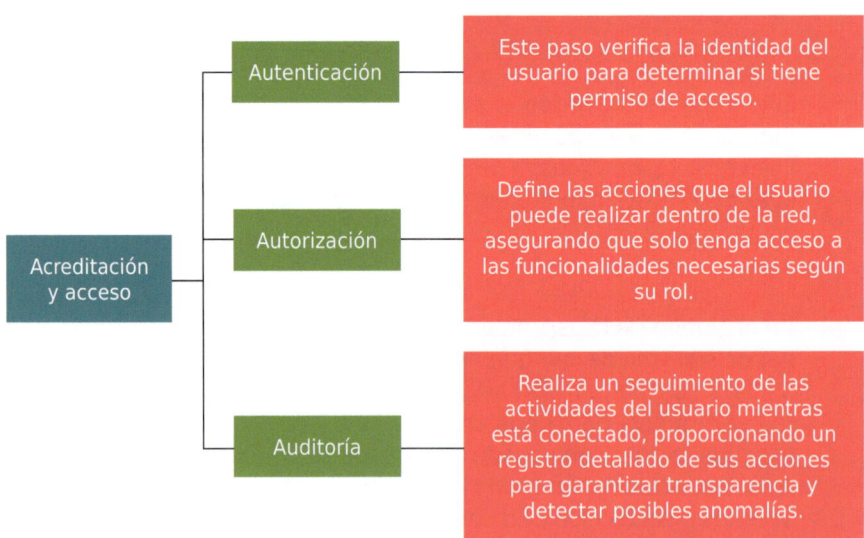

Con este enfoque, la seguridad informática de la empresa se fortalece, asegurando tanto la integridad de la red como la protección de los datos corporativos.

 **VÍDEO**

En este vídeo se aborda el proceso de validación de usuarios en redes corporativas, destacando la importancia de implementar estrategias de autenticación, autorización y auditoría para garantizar la seguridad de la información empresarial. A través de ejemplos prácticos, se muestra cómo estas técnicas protegen los datos sensibles y mejoran la eficiencia de los sistemas de seguridad informática. Accede desde aquí.

https://redirectoronline.com/ifct1160901

2.1. Validación de identificación en redes: métodos de autenticación

El **protocolo de validación AAA (autenticación, autorización y auditoría)** de acceso a redes hace posible escaladamente las siguientes acciones:

Autenticación

Solicita credenciales del usuario para comprobar su identidad para acceder al sistema.

Autorización

Posteriormente, y una vez identificado al usuario, se confiere los recursos a los que está autorizado usar o acceder.

Auditoría

Por último, queda monitorizado todo el tiempo que el usuario permanece conectado a la red y consulta de todas las operaciones.

APLICACIÓN PRÁCTICA

Manuel está desarrollando un protocolo de validación de usuario para una pequeña empresa de venta y distribución de programas informáticos y de *software*. La idea es que los posibles clientes puedan acceder a información más detallada de cada servicio, pero que además contemple la posibilidad de dar un servicio continuado de asesoramiento para todos aquellos clientes que adquieran el producto. En este último caso la autenticación de los clientes vendrá definido bajo el protocolo triple AAA. Manuel a la misma vez que desarrolla esta actividad enseña a un becario a entender ciertos conceptos. ¿Podrás ayudar al becario a identificar cada paso de este proceso que está desarrollando Manuel?

1. Conferir al usuario autorización de uso y acceso a recursos.
2. Monitorizar las acciones del usuario conectado a la red.
3. Comprobar la identidad del usuario para acceder al sistema.

Solución

Un protocolo de seguridad informática, implica que sigue unas normas establecidas de prevención y control de incidentes, de tal manera que conlleve una serie de acciones que aseguren el conocimiento de la identidad del usuario que accede al sistema, sus atribuciones establecidas, y además, pueda comprobarse en todo momento los movimientos y gestiones que realice este usuario, ya sean de tipo consulta o bien operativas. Cuando se establece el protocolo triple A, se están estableciendo unas medidas de control basadas en:

- La comprobación de la identidad del usuario que pretende acceder al sistema (autenticación).
- La concesión de la autorización al usuario de acceso y recursos de la red, según atribuciones (autorización).
- La monitorización o registro de movimientos del usuario (auditoría).

AAA → AUTENTICACIÓN + AUTORIZACIÓN + AUDITORÍA

- -

Diferentes metodologías de autenticación permiten alcanzar el objetivo de protección al sistema de información de una organización. Pero, antes de explorar las distintas estrategias de autenticación, es importante entender los dos ámbitos clave que componen esta etapa inicial del proceso de validación, conocida como autenticación:

1. Acceso inicial al sistema

- En los primeros pasos, se verifica la identidad del usuario mediante la comprobación de sus credenciales. Una vez autenticado, el usuario obtiene acceso al sistema de información de la empresa. Este paso es obligatorio para todos los usuarios, independientemente de los privilegios que tengan asignados.

2. Asignación de derechos específicos

- Posteriormente, a cada usuario autenticado se le otorgan derechos específicos según su rol o necesidades. Esto incluye el acceso a aplicaciones concretas o información específica dentro del sistema. Este paso asegura que el usuario solo interactúe con los recursos que le han sido autorizados, promoviendo un uso eficiente y seguro.

De esta forma, el proceso de autenticación no solo garantiza la **seguridad** mediante la verificación de identidad, sino que también responde al **principio de disponibilidad,** permitiendo a los usuarios acceder a la información y a las herramientas necesarias según sus responsabilidades.

Existen numerosas metodologías de autenticación. Algunos protocolos de autenticación a los cuales se les atribuye diferentes características son:

- **Clave secreta compartida:** este protocolo permite la comunicación entre dos entidades que comparten previamente una misma clave secreta. La clave, establecida antes del proceso de autenticación, es esencial para garantizar la seguridad de la comunicación entre las partes.
- **Diffie-Hellman:** este protocolo permite la comunicación segura entre dos entidades que no han tenido interacción previa. En un entorno no seguro, el protocolo establece una clave compartida de manera anónima, sin necesidad de autenticación, proporcionando una base segura para futuras interacciones.
- **KDC:** el KDC, o centro de distribución de claves, es un protocolo de autenticación que actúa como un intermediario de confianza. Este centro distribuye claves de manera segura, permitiendo la comunicación entre dos entidades mediante la autenticación y asignación de claves específicas.
- **Kerberos:** Kerberos es un protocolo de autenticación que se apoya en un KDC para garantizar la seguridad. Este protocolo proporciona autenticación mutua y facilita una clave de sesión que permite a dos usuarios comunicarse de forma segura utilizando una clave privada temporal.

2.2. Validación de identificación basada en clave secreta compartida: protocolo

Uno de los protocolos de autenticación más conocidos es el denominado **clave secreta compartida.**

Este sistema de validación se encuentra en muchos modelos de autenticación y se caracteriza principalmente porque tanto el emisor como el receptor de la información transmitida deben conocer una clave secreta previamente compartida.

Ambos interlocutores deben conocer con anterioridad a la comunicación la clave secreta para que pueda darse el intercambio de información.

Uno de los protocolos de autenticación más utilizados es el basado en clave secreta compartida, también conocido como **PSK** *(pre-shared key).* Este sistema se caracteriza porque tanto el emisor como el receptor deben conocer una clave secreta previamente acordada para establecer una comunicación segura.

 EJEMPLO

El protocolo PSK opera con normalidad en numerosos hogares y empresas, especialmente en redes inalámbricas *wifi.* En este caso, la clave secreta compartida permite conectar dispositivos a un punto de acceso (como un *router)* utilizando cifrados como WEP o WPA. Para que un dispositivo pueda conectarse a la red, necesita conocer previamente la clave secreta compartida.

En este tipo de configuraciones se emplea un protocolo de establecimiento de conexión, como **IPSec,** que se encarga de garantizar una comunicación segura entre los dispositivos conectados.

En el siguiente esquema, se representan los tres movimientos o reglas de comportamiento del protocolo IPSec:

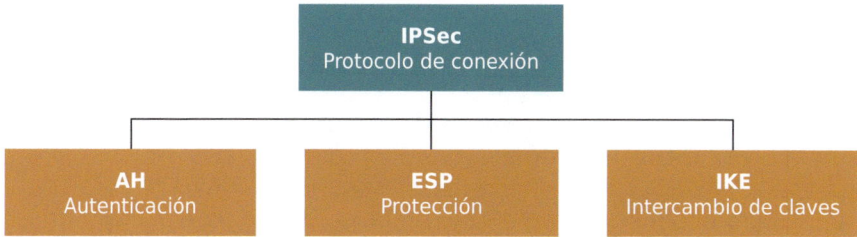

IPSec: El protocolo IPSec, ampliamente utilizado para proteger la comunicación por internet, se apoya en tres componentes clave: AH, ESP y IKE.

- **AH:** *Authentication header* o cabecera de autenticación. Proporciona integridad (asegurando que el mensaje no ha sido modificado), autenticación (verificando que el emisor es quien dice ser) y no repudio (el emisor no puede negar haber enviado el mensaje).
- **ESP:** *Encapsulated security payload* o carga de seguridad encapsulada. Garantiza confidencialidad, autenticación e integridad mediante la encapsulación y protección de los datos transmitidos.
- **IKE:** *Internet key exchange* facilita de manera automática la negociación y gestión de claves entre las partes, permitiendo la conexión segura entre los componentes AH y ESP.

Aunque es muy utilizado, el protocolo de clave secreta compartida presenta **vulnerabilidades** importantes:

1. La clave inicial que deben compartir las partes puede ser susceptible de ataques si no se protege adecuadamente.
2. Las claves compartidas suelen almacenarse en texto plano, lo que facilita su sustracción en caso de acceso no autorizado.

NOTA

A pesar de estas debilidades, la tecnología avanza constantemente, introduciendo nuevas medidas de protección y mejorando la seguridad de las claves compartidas para hacerlas menos susceptibles a ataques y robos.

2.3. Establecimiento de una clave compartida: intercambio de claves Diffie-Hellman

El protocolo **IKE** *(internet key exchange)* utiliza un algoritmo de tipología asimétrica para el intercambio de claves secretas. Este enfoque permite establecer un canal fiable y seguro entre dos participantes, incluso cuando no han tenido contacto previo.

RECUERDA

La criptografía asimétrica emplea dos claves diferentes:

- Clave pública: conocida por cualquier usuario del sistema de red.
- Clave privada: mantenida en secreto por su propietario y nunca compartida.

Para que la comunicación sea efectiva, tanto el emisor como el receptor deben contar con ambas claves: una pública (para compartir con otros) y otra privada (totalmente confidencial). En este sentido, el emisor y receptor del mensaje deberán poseer dos claves cada uno (una pública conocido por todos) y otra privada, totalmente confidencial.

En el proceso de negociación para establecer una conexión segura, el protocolo IKE emplea el mecanismo de cifrado **Diffie-Hellman,** que permite generar una clave secreta compartida sin necesidad de autenticación previa.

 **DEFINICIÓN**

Diffie-Hellman

Protocolo de autenticación que facilita el intercambio seguro de claves entre dos participantes, incluso si no han tenido un contacto anterior.

Aunque Diffie-Hellman es considerado un protocolo de cifrado de clave asimétrica, su objetivo principal es generar una clave simétrica compartida entre los extremos de la comunicación. Esta clave simétrica se utiliza para cifrar la información mediante algoritmos de cifrado simétrico. Este tipo de protocolo, *a priori,* puede resultar no seguro, ya que no existe autenticación de los participantes, sin embargo, la seguridad de este protocolo radica en la dificultad de localizar logaritmos discretos en un entorno limitado.

 VÍDEO

Pero para poder ver en la práctica cómo funciona este algoritmo de autenticación Diffie-Hellman, visualiza la siguiente píldora formativa de la Universidad Politécnica de Murcia. Con este recurso podrás ver cómo se intercambia una clave secreta entre dos interlocutores que no han tenido un contacto previo. Accede desde aquí.

https://redirectoronline.com/ifct1160903

2.4. Validación de identificación usando un centro de distribución de claves

La distribución de claves es uno de los mayores retos de seguridad para cualquier sistema de información, ya que debe garantizar la transmisión segura de claves antes de que dos partes se comuniquen. Para lograrlo, se implementa un **centro de distribución de claves (KDC),** que actúa como intermediario entre los participantes para garantizar una conexión segura.

En cualquier proceso de validación de identificación, se deben cumplir los siguientes principios fundamentales:

Autenticación	- El emisor debe ser quien dice ser.
Integridad	- El mensaje no debe ser modificado.
Confidencialidad	- El mensaje debe mantenerse privado.
No repudio	- El emisor no puede negar haber enviado el mensaje.

El KDC permite que un emisor (A) y un receptor (B) se comuniquen a través de un canal seguro. Ambos deben:

1. Confirmar la identidad del otro.
2. Obtener y compartir una clave secreta (K) generada por el centro.

El proceso inicia cuando el emisor (A) solicita acceso al KDC, lo que le otorga un tique que valida su identidad y le permite acceder al sistema. Este tique también es utilizado para autenticar la conexión entre ambas partes.

El KDC genera y distribuye las claves solicitadas por el cliente de forma automática, garantizando eficiencia y seguridad.

Luego, se verifica la validez del proceso de autenticación mediante algoritmos de validación, como **Needham y Schroeder,** que pueden operar en dos modalidades:

➲ **Clave secreta:** utiliza una clave compartida entre el emisor y el receptor.
➲ **Clave pública:** utiliza un esquema de criptografía asimétrica con claves públicas y privadas para mayor seguridad.

El proceso asegura que la clave generada sea válida y que el intercambio de información cumpla con todos los principios de seguridad, ofreciendo una solución confiable y escalable para la comunicación en red.

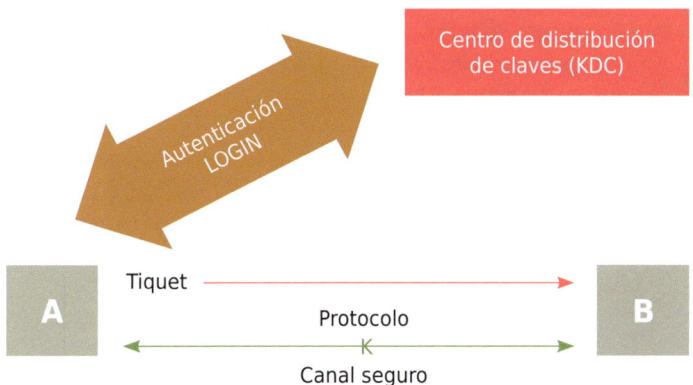

IMPORTANTE

La distribución de claves debe realizarse dentro de la misma red de comunicación para minimizar riesgos de seguridad. Aunque es posible una distribución manual de claves fuera de la red, es preferible utilizar métodos automáticos gestionados por el KDC para ahorrar tiempo y costes.

Por otra parte, el canal se considerará seguro porque cumple los siguientes requerimientos:

1. El Centro de distribución de claves conoce la identidad de su cliente.
2. El Centro de distribución de claves asegura la información transmitida mediante él.
3. El Centro de distribución genera y distribuye claves temporales para prevenir ataques.

Aunque la distribución manual de claves desde fuera de la red de comunicación es posible, es altamente recomendable optar por la distribución automática gestionada por Centros de distribución de claves (KDC).

La distribución manual presenta desventajas significativas:

⊃ **Tiempo excesivo.** El proceso manual requiere una inversión considerable de tiempo, especialmente en redes con un gran número de usuarios o dispositivos.
⊃ **Altos costes.** El tiempo y los recursos necesarios para gestionar manualmente las claves representan un gasto económico innecesario para las organizaciones.

La distribución automática a través del KDC no solo es más rápida y eficiente, sino que también ofrece mayor seguridad y confiabilidad al evitar errores humanos y reducir la exposición a riesgos durante la transmisión de claves.

👁 EJEMPLO

La siguiente imagen muestra una infografía comparativa entre las dos variantes del protocolo de autenticación **Needham y Schroeder:** una basada en **clave secreta compartida** y otra en **clave pública.**

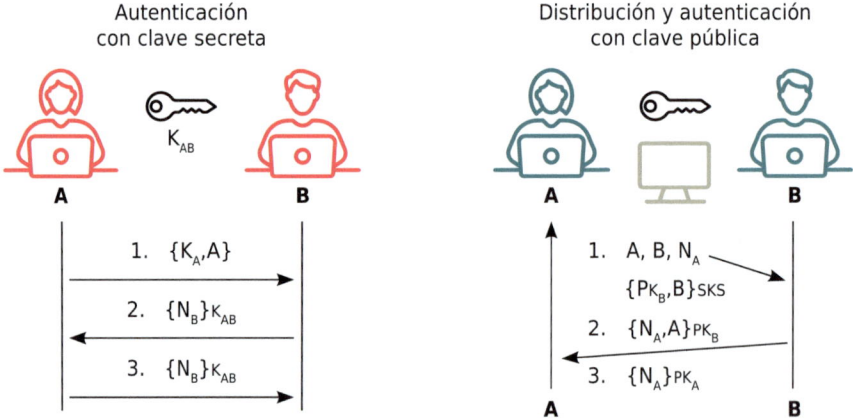

En la parte izquierda, se ilustra cómo dos entidades (A y B) establecen una comunicación segura mediante una clave secreta proporcionada por un servidor, intercambiando mensajes cifrados para autenticar su identidad. En la parte derecha, se representa el proceso en el que A y B usan claves públicas distribuidas por un servidor seguro para autenticarse mutuamente, también mediante mensajes cifrados y testigos. Ambas versiones permiten verificar la identidad de los participantes y establecer un canal seguro de comunicación.

2.5. Protocolo de autenticación Kerberos

Kerberos es un protocolo de autenticación diseñado para redes informáticas inseguras. Permite que dos equipos verifiquen mutuamente su identidad de forma segura, protegiendo la comunicación entre ellos. El protocolo funciona como un servidor central de autenticación que facilita el acceso seguro a servicios distribuidos en una red, evitando la necesidad de implementar un sistema de autenticación para cada servidor. Su objetivo principal es garantizar que solo usuarios autorizados puedan acceder a servicios específicos, autenticar solicitudes de acceso y proteger los datos en redes no confiables.

En la siguiente imagen se muestra el esquema de funcionamiento de autenticación mutua de Kerberos.

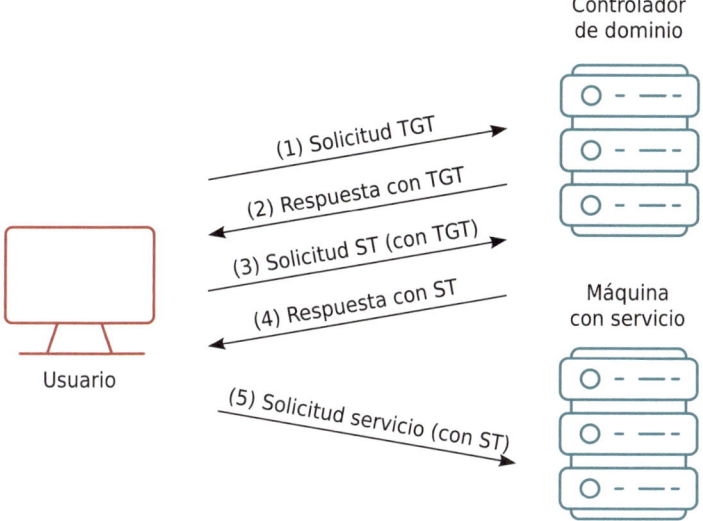

Esquema de autenticación con tiques Kerberos

⊕ PARA SABER MÁS

En el siguiente artículo, podrás profundizar en este protocolo de autenticación, además de conocer las más nuevas amenazas a las que se enfrenta. Accede desde aquí.

Continúa en página siguiente >>

<< Viene de página anterior

https://redirectoronline.com/ifct1160904

2.6. Validación de identificación de clave pública

El **protocolo de autenticación Kerberos** ofrece un modelo seguro para la gestión de credenciales y acceso a servicios. En este sistema:

Un usuario (cliente) solicita credenciales para acceder a servicios.	El servidor de autenticación centralizado recibe la solicitud de credenciales tras el login del cliente y genera un tique Kerberos.	Si el cliente es reconocido, el servidor envía una clave cifrada. El cliente la descifra utilizando su contraseña, garantizando que esta última no transite por la red.

Sin embargo, cuando dos entidades que conocen sus claves públicas solicitan establecer una sesión mediante una **clave secreta,** se recurre a la criptografía asimétrica. En este caso:

- Las claves públicas se intercambian para verificar las identidades de ambas partes.
- Las claves privadas de cada parte se usan para descifrar la clave secreta (de sesión) necesaria para agilizar la comunicación, ya que los algoritmos simétricos son más rápidos que los asimétricos.

Este enfoque combina la seguridad de las claves públicas con la velocidad de la criptografía simétrica. Sin embargo, el momento del intercambio de claves públicas presenta un **riesgo crítico,** ya que un intruso podría interceptarlas y simular respuestas falsas, comprometiendo la validación.

Para mitigar este riesgo, se utilizan certificados digitales, que garantizan la autenticidad de las claves públicas y protegen el intercambio contra ataques de interceptación. Estos certificados son emitidos por Autoridades de

Certificación (CA), como la Fábrica Nacional de Moneda y Timbre (FNMT-RCM), que proporciona:

- Certificados SSL de servidor.
- Certificados *wildcard*.
- Certificados de firma de código.
- Certificados de sello de entidad.

NOTA

Estos certificados heredan la confianza de la CA, asegurando que las claves públicas sean válidas y protegiendo la comunicación en redes inseguras.

2.7. Validación de identificación de clave pública: protocolo de interbloqueo

El **protocolo de interbloqueo,** diseñado por Rivest y Shamir del algoritmo RSA, ofrece una solución para mitigar los riesgos de ataques de intermediarios durante la solicitud de acceso con clave pública. Este mecanismo permite frustrar los intentos de interceptación y asegura la autenticidad del intercambio de información. Su funcionamiento es así:

1. **Envío parcial de datos:**
   El emisor *(A)* transmite únicamente la mitad de su mensaje a *B* (por ejemplo, los *bits* pares después del cifrado).
2. **Respuesta del receptor:**
   B responde enviando sus propios *bits* pares.
3. **Finalización del intercambio:**
   A envía ahora sus *bits* impares y *B* hace lo mismo, completando el proceso de comunicación.

Protección contra ataques

- Si A o B no cumplen con la entrega de las primeras partes del mensaje, el protocolo falla automáticamente, evitando el avance del proceso.

- En caso de que un atacante (C) intercepte los *bits* pares de A, no podrá descifrar el mensaje, ya que la clave privada es necesaria para este proceso. Además, al reenviar datos incorrectos, B detectará el error y el protocolo se interrumpirá.

La siguiente imagen muestra el funcionamiento del **protocolo de interbloqueo** propuesto por Rivest y Shamir para evitar ataques de intermediario durante el intercambio de claves públicas con RSA.

El protocolo, diseñado por Rivest y Shamir del algoritmo RSA, frustra los ataques de intermediarios durante la solicitud de acceso con clave publica.

1. Envío parcial de datos:
   - El emisor (A) transmite la mitad de su mensaje a B.
2. Respuesta del receptor:
   - B responde enviando sus propios *bits* pares.
3. Finalización del intercambío:
   - A envia los *bits* impares y B hace lo mismo.

El atacante no puede descifrar ni completar el mensaje

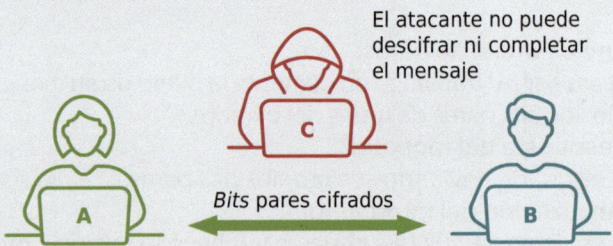

Bits pares cifrados

¿Por qué el protocolo frustra ataques?
Cuando un atacante C intercepta los *bits* pares cifrados enviados por A, no puede descifrarlos ni reensamblarlos correctamente sin tener las partes impares.

En la parte superior se explican los tres pasos del protocolo: primero, el emisor (A) envía solo la mitad cifrada de su mensaje. Luego, el receptor (B) responde con su mitad cifrada. Finalmente, ambos completan el intercambio enviando las partes restantes. En la parte inferior, se representa cómo este mecanismo impide que un atacante (C) reconstruya el mensaje completo, ya que al interceptar solo una fracción de los datos, no puede descifrar ni falsificar correctamente la comunicación.

 **EJEMPLO**

Veamos qué pasa en este ejemplo del protocolo de Interbloqueo.

Imagina que A quiere hablar con B, pero un atacante llamado C intenta interceptar y hacerse pasar por B. Para evitar que C pueda engañar a A, se usa el protocolo de interbloqueo, donde los mensajes se envían en dos partes: primero una mitad, luego la otra. Así, si C intenta colarse, no podrá actuar correctamente.

Por ejemplo:

1. **A** quiere decirle a **B**:
   "Hola B, soy A y son ahora las 15.00".

2. **A** cifra ese mensaje con la clave pública de quien cree que es **B**.
   Pero si **C** ha engañado a **A** y le ha dado su propia clave pública, **A** estará cifrando el mensaje para **C** sin saberlo.

3. El mensaje cifrado se convierte (por ejemplo) en **1100.**
4. **A** divide el mensaje en dos partes:

   · Bits impares: "1.0."
   · Bits pares: ".1.0"

5. **A** y **B** (o **C** si está atacando) intercambian primero solo la primera mitad.
   Así, **A** manda "1.0." y espera.
   ¿Y qué puede hacer **C**? **C** está obligado a mandar algo como respuesta. Tiene dos opciones:

   · Si manda lo mismo que recibió (como un espejo), **B** no podrá entenderlo porque está cifrado con la clave falsa de **C**.
   · Si inventa algo, **B** notará que el mensaje no tiene sentido.

Por eso, el atacante queda fuera de juego, porque no puede completar correctamente el mensaje sin tener las dos mitades y la clave adecuada.

Este tipo de verificación se puede reforzar usando la hora del sistema (como las 15.00 mencionadas) y protocolos como **NTP** (*network time protocol*) para garantizar que los mensajes son actuales y no reciclados.

ACTIVIDAD COMPLEMENTARIA

9. Los avances tecnológicos han impulsado tanto la innovación en seguridad informática como el desarrollo de técnicas delictivas capaces de comprometer la integridad de las empresas. En la actualidad existen nuevas técnicas como las biométricas utilizadas para autenticar a los usuarios. Busca información sobre dichas técnicas e indica tu opinión.

 TAREA 9

Carlos es estudiante de 1.º de Informática y en su primer examen le piden realizar un ejercicio un tanto curioso. En las dos últimas semanas han estado tratando en clase el concepto de autenticación y muchos de los protocolos que están relacionados con este término.

En base a ello, ayuda a Carlos realizando un esquema o infografía en donde se muestre la definición del concepto de autenticación, se enumere los beneficios que aporta la autenticación y se identifiquen protocolos clave de autenticación.

3. Resumen

La **autenticación** es esencial para proteger sistemas informáticos y redes empresariales, asegurando que los usuarios sean quienes afirman ser y previniendo accesos no autorizados. En un entorno cibernético en constante evolución, las empresas deben adoptar métodos avanzados, como técnicas biométricas y protocolos de claves públicas y privadas, para proteger datos y generar confianza en las interacciones digitales.

> **Autenticación**
> - Es el medio que somete la identidad de un posible usuario, a las pruebas necesarias para autorizar y confirmar el acceso a recursos.

La validación de usuarios para acceder a la red corporativa y a sus activos de información, podrán venir determinados por diferentes metodologías, no obstante, en todas ellas deben seguir las siguientes pautas propuestas en el Protocolo AAA:

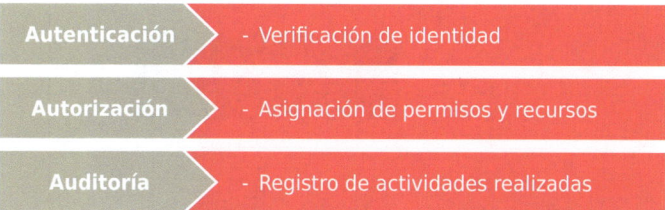

Autenticación	- Verificación de identidad
Autorización	- Asignación de permisos y recursos
Auditoría	- Registro de actividades realizadas

Cada uno de estos **protocolos de autenticación** está diseñado para garantizar la seguridad en la comunicación y el acceso a sistemas. Son fundamentales para proteger la integridad, confidencialidad y autenticidad de la información en redes.

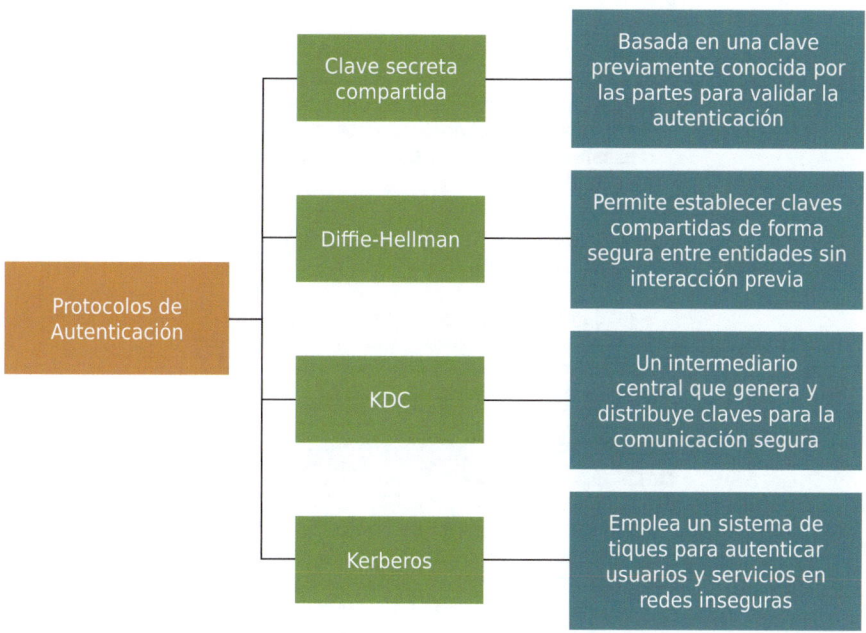

La estructura del protocolo de conexión **IPSec,** compuesto por tres componentes principales: **AH (***Authentication Header),* que proporciona autenticación e integridad del mensaje; **ESP** *(encapsulated security payload),*

que garantiza la protección de los datos mediante confidencialidad y autenticación; y **IKE** *(internet key exchange),* responsable del intercambio seguro de claves y la negociación de parámetros de conexión. Estos elementos trabajan en conjunto para asegurar la comunicación en redes y proteger la información contra las amenazas externas.

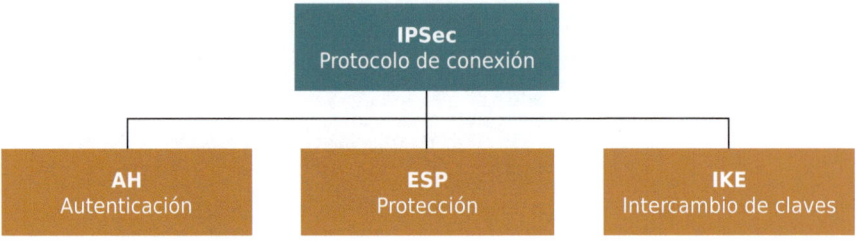

En el ámbito de la seguridad informática, los métodos avanzados de validación han revolucionado la forma en que se autentican los usuarios:

Ejercicios de autoevaluación
Unidad de Aprendizaje 9

1. **¿Cuál es el objetivo principal de la autenticación en la seguridad informática empresarial?**

    a. a. Evitar la creación de nuevas cuentas de usuario.
    b. b. Facilitar el acceso a todos los recursos de la red.
    c. Garantizar que los usuarios que acceden a los sistemas sean quienes afirman ser.
    d. Minimizar el número de usuarios activos.

2. **¿Qué diferencia clave existe entre identificación y autenticación?**

    a. La identificación confirma la identidad del usuario, mientras que la autenticación la declara.
    b. La autenticación declara la identidad, y la identificación verifica que sea legítima.
    c. La identificación declara quién es el usuario, y la autenticación confirma la legitimidad de esa declaración.
    d. No existe diferencia entre ambos conceptos.

3. **¿Qué tipo de red permite el acceso sin necesidad de autenticación?**

    a. Privada
    b. Cifrada
    c. Multifactorial
    d. Pública

4. **¿Qué método combina credenciales tradicionales con métodos biométricos y *tokens* digitales?**

    a. Validación de clave compartida
    b. Protocolo Diffie-Hellman
    c. Autenticación multifactorial (MFA)
    d. Claves de cifrado asimétricas

5. Según el protocolo AAA, ¿qué acción se realiza tras la autenticación de un usuario?

    a. Confirmación de integridad de los datos
    b. Autorización para acceder a recursos específicos
    c. Registro de anomalías en la red
    d. Generación de claves públicas y privadas

6. ¿Cuál de los siguientes no es un principio fundamental del proceso de validación de identificación?

    a. Autenticación
    b. Confidencialidad
    c. Interconexión
    d. Integridad

7. ¿Qué protocolo utiliza un centro de distribución de claves (KDC) para garantizar la seguridad en la red?

    a. IPSec
    b. Kerberos
    c. KDC
    d. IKE

8. ¿Qué vulnerabilidad se asocia al uso de claves compartidas?

    a. Alta velocidad de transmisión
    b. Posible almacenamiento en texto plano
    c. Generación de claves automáticas
    d. Falta de compatibilidad con redes públicas

9. ¿Qué protocolo establece una clave compartida entre dos participantes sin contacto previo?

    a. Kerberos
    b. KDC
    c. Diffie-Hellman
    d. IPSec

10. ¿Qué asegura el componente ESP del protocolo IPSec?

    a. La integridad de los datos.
    b. La autenticación del emisor.
    c. La confidencialidad, autenticación e integridad de los datos.
    d. La negociación automática de claves.

Glosario

Autenticación
Proceso que verifica la identidad de un usuario o sistema.

Ciberseguridad
Conjunto de prácticas que protegen sistemas y datos ante amenazas digitales.

Cifrado
Proceso de transformar datos para que solo puedan ser leídos por usuarios autorizados.

Clave privada
Clave secreta usada para descifrar información cifrada con la clave pública.

Clave pública
Clave disponible para todos los usuarios, utilizada en criptografía asimétrica.

Confidencialidad
Evita que la información sea revelada a personas no autorizadas.

Criptografía
Ciencia que estudia técnicas para proteger información mediante cifrado.

Criptografía asimétrica
Sistema que emplea un par de claves: pública y privada.

Criptografía simétrica
Método que usa una misma clave para cifrar y descifrar datos.

Defensa en profundidad
Estrategia que implementa múltiples capas de seguridad en un sistema.

Disponibilidad
Asegura el acceso a la información por parte de usuarios autorizados.

Encriptar
Sinónimo de cifrar, ocultar información mediante claves.

FTP
Protocolo usado para transferir archivos entre sistemas a través de una red.

Firewall
Sistema que filtra el tráfico de red para impedir accesos no autorizados.

IPSec
Protocolo de red que cifra y protege la información en Internet.

Ingeniería social
Técnica que engaña a las personas para obtener acceso o datos.

Integridad
Propiedad que asegura que los datos no han sido alterados sin autorización.

Malware
Programa diseñado para dañar o explotar sistemas informáticos.

Menor privilegio
Principio de dar a los usuarios solo el acceso necesario.

NMAP
Herramienta para escanear y explorar redes.

Phishing
Técnica fraudulenta para obtener datos personales simulando fuentes confiables.

Red
Conjunto de equipos conectados que comparten información y recursos.

Router
Dispositivo que dirige el tráfico entre diferentes redes.

Simplicidad
Estrategia de seguridad basada en mantener configuraciones claras y entendibles.

Sniffer
Herramienta que captura datos en tránsito en una red.

Topología de red
Forma en que se organiza y conecta una red.

VPN
Red privada virtual que cifra la conexión a internet del usuario.

Virus
Programa malicioso que se copia a sí mismo y afecta a otros archivos o sistemas.

Wifi
Tecnología que permite conectar dispositivos a internet sin cables.

Bibliografía

Textos electrónicos, bases de datos

→ 7 atributos que debe tener tu wifi, de:
<https://www.incibe.es/protege-tu-empresa/blog/7-atributos-debe-tener-tu-wifi-y-9-consejos-configurarla>.

> Consejos prácticos del Instituto Nacional de Ciberseguridad para proteger redes wifi.

→ Agencia Española de Protección de Datos, de:
<https://www.aepd.es/>.

> Web oficial con recursos y herramientas sobre protección de datos y cumplimiento del RGPD y la LOPDGDD.

→ Ataque *DNS Spoofing*, de:
<https://securityassessmentsblog.wordpress.com/2017/11/11/ataque-dns-spoofing/>.

> Explicación sencilla y visual de los ataques de suplantación DNS.

→ Cómo evitar ataques de ingeniería social, de:
<https://youtu.be/xDdVnRHO3CE>.

> Vídeo que describe técnicas comunes de ingeniería social.

→ Cómo enviar correos electrónicos cifrados desde *Gmail*, de:
<http://www.criptohistoria.es/files/cifras.pdf>.

> Guía para cifrar correos desde *Gmail* y aumentar la privacidad.

→ Decálogo de ciberseguridad para empresas, de:
<https://www.incibe.es/protege-tu-empresa/guias/decalogo-ciberseguridad-empresas-guia-aproximacion-el-empresario>.

> Recomendaciones para pequeñas empresas sobre cómo mejorar su ciberseguridad.

→ El portal de ISO 27001 en español, de: <http://www.iso27000.es/otros.html>.

Sitio con información detallada sobre la normativa ISO 27001.

→ Inyección remota de código en *Bash*, de:
<https://www.certsi.es/alerta-temprana/bitacora-ciberseguridad/shellshock>.

Informe sobre una vulnerabilidad crítica en sistemas *Bash* y su impacto.

→ Métodos de autenticación con *DocuSign*, de: <https://vimeo.com/95530455>.

Demostración del uso de *DocuSign* para autenticación segura en correos electrónicos.

→ *Nmap Security Scanner*, de: <https://nmap.org/>.

Página oficial del escáner de red *Nmap*, usado para auditorías de seguridad.

→ *¿Qué son los scripts?*, de: <http://culturacion.com/que-son-los-scripts/>.

Artículo explicando qué son los *scripts* y su uso en programación y seguridad.

→ *¿Qué es el phishing? InfoSpyware*, de:
<https://www.infospyware.com/articulos/que-es-el-phishing/>.

Guía completa sobre el *phishing* y cómo reconocer este tipo de ataque.

→ *¿Qué es FTP y cómo se utiliza?*, de:
<https://www.strato.es/faq/article/2095/Que-es-FTP-y-como-se-utiliza.html>.

Explicación sobre el protocolo FTP para transferencia de archivos.

→ Qué es un *keylogger* y cómo protegerse, de:
<https://blog.mailfence.com/es/protegerse-de-un-keylogger/>.

Explicación de qué es un *keylogger* y cómo evitar ser víctima.

→ *¿Qué es mejor: criptografía simétrica o asimétrica?*, de:
<https://youtu.be/0qfOVm-dtcQ>.

Comparación entre criptografía simétrica y asimétrica en formato audiovisual.

→ *¿Qué es un sniffer?*, de: <https://www.universidadviu.es/que-es-un-sniffer/>.

Artículo sobre herramientas de interceptación de tráfico y sus riesgos.

→ Una introducción a la criptografía clásica, de:
<http://www.criptohistoria.es/files/cifras.pdf>.

Documento introductorio a los métodos clásicos de cifrado.

→ UNIX: el padre de los sistemas operativos actuales, de:
<https://blogthinkbig.com/unix-el-padre-de-los-sistemas-operativos-actuales>.

Breve historia de *UNIX* y su relevancia como base de sistemas modernos.